專買黑馬股③

K線捕手楊忠憲教你

用1張表

逮飆股

楊忠憲——著

自序 投資是人生的必修課 ⋯⋯⋯⋯⋯⋯⋯⋯⋯⋯⋯⋯⋯⋯⋯⋯004

Chapter **1** 經驗分享》⋯⋯⋯⋯⋯⋯⋯⋯⋯⋯⋯⋯⋯⋯⋯⋯⋯⋯⋯012

投資難以自學　市場永遠是最好的老師

先認清無知再學習，才能內化知識／學習投資非一蹴可幾，
打好基本功是關鍵／改變從現在開始，求富道路更寬廣

Chapter **2** 風險控管》⋯⋯⋯⋯⋯⋯⋯⋯⋯⋯⋯⋯⋯⋯⋯⋯⋯⋯020

最重要的投資課　不被市場淘汰才是贏家

投資要穩健，須留意2大風險／參照法人做法，控管資金與
持股檔數／空頭檢驗實力，降低風險擁有更多餘裕

Chapter **3** 行情解盤》⋯⋯⋯⋯⋯⋯⋯⋯⋯⋯⋯⋯⋯⋯⋯⋯⋯⋯042

工具在精不在多　看懂訊號掌握多空盤勢

盲從外在資訊風險高，加入觀點更可靠／解析工具適量就
好，過多恐徒增困擾／解盤區分週期，減少趨勢誤判機率／
要順應趨勢，先掌握4種指標訊號／客觀理由判斷漲跌，留
意趨勢有連貫性／謹慎分析盤勢，投資操作趨吉避凶／趨勢
翻空要忍得住，別心存僥倖賭運氣／指數漲跌≠個股表現，
別妄想靠多頭解套

Chapter **4** 籌碼分析》⋯⋯⋯⋯⋯⋯⋯⋯⋯⋯⋯⋯⋯⋯⋯⋯⋯⋯092

觀察法人、主力動向　輔助解盤抓趨勢

追蹤法人、主力布局，留意4大盲點／想像自己是主力，但
切勿過度分析

Chapter 5 選股名單》⋯⋯⋯⋯⋯⋯⋯⋯⋯⋯⋯⋯⋯⋯106

4步驟篩潛力股　減少時間變因更穩健

遵循4步驟，篩出勝率高的個股／提前完成觀察股名單，操作更有餘裕／釋疑5常見問題，減少套牢風險

Chapter 6 綜合交易》⋯⋯⋯⋯⋯⋯⋯⋯⋯⋯⋯⋯⋯⋯144

盯盤高效率　掌握轉折點是獲利關鍵

對盤勢反應速度愈快，投資績效愈佳／因應市場波動，把握盯盤黃金時間／9技巧加持，不怕賺少賠多一場空

Chapter 7 自我檢視》⋯⋯⋯⋯⋯⋯⋯⋯⋯⋯⋯⋯⋯⋯184

汲取操作經驗　每次虧損都是成長養分

專注自己所長，獲取最大效益／學習階段不強求獲利，首重累積知識／市場常見獲利方式，個人專業是關鍵／達到胸有成竹境界，波動將不再干擾情緒／遭遇虧損是必然，關鍵是應對的態度

Chapter 8 投資釋疑》⋯⋯⋯⋯⋯⋯⋯⋯⋯⋯⋯⋯⋯⋯210

解答4大困惑　從此不再是股市韭菜

困惑1》法人說的話可以照單全收嗎？／困惑2》價值投資和價格投資，哪個好？／困惑3》擔心停損在最低點，怎麼辦？／困惑4》看法與朋友不同，該相信誰？

結語 正確的投資是一種生活態度 ⋯⋯⋯⋯⋯⋯222

投資是人生的必修課

　　德國股神安德烈・科斯托蘭尼（André Kostolany）曾說過：「我的人生只有 1 個願望：經濟和思想都要獨立；我不是任何人的主人，也不是任何人的僕人。這就是我的成就。」用白話一點的方式說，就是我不用看任何人的臉色，任何人也不用看我的臉色；既不用被人管，也不用管別人。

　　很幸運地，專職投資人就具備這樣的特質，既不需要被

別人管，也不需要管別人。只是其背後，需要強大的自律能力。

知名劇作家喬治・蕭伯納（George Bernard Shaw）曾說：「自我控制是最強者的本能。」只有自律才能換來更大的自由，必須懂得嚴格的自我管理，懂得尊重股票多空和金融市場，投資這件事情才會為你的生命賦予意義。

現金購買力逐年遞減，只靠薪資難負荷

在現代，投資不是一種選擇，而是一門必修課。因為以台灣通膨的速度來看，2000 年時，1 片雞排只要 30 元、35 元；到了 2024 年，1 片雞排價格已經漲到 85 元以上。以前 100 元能買 3 片雞排，現在 100 元只能買 1 片多的雞排——同樣的現金，經過 20 多年，購買力衰減了 60%以上。如果不投資，只靠工作和儲蓄，長期下來肯定會賠。

時間的價值遞減是很可怕的，尤其錢愈多的人，愈需要投資。投資，在這個時代幾乎是避無可避的課題，是絕對必須走的道路。

然而，投資並不僅僅只是要買哪一檔股票的問題，如果將視野放寬一點，會發現股票其實只是眾多投資商品中的一種，而投資也只是人生旅途眾多課題中的一個。

　　因此，要根本解決投資問題，其實要向上溯源到職涯規畫，包含提高職場競爭力、聰明消費、穩定儲蓄、資產配置、理性投資等。

　　用一個較具體的比喻：小林今年 35 歲、手上資金有100 萬元；老張今年 65 歲、手上資金有數千萬元。2 個人的年齡、風險、機會、負擔、退休規畫、風險控管、交易週期、專業程度等，都完全不一樣，對小林和老張來說，要用哪些金融商品進行投資和配置，會產生數百種排列組合，如果再加上年齡和個別條件的差異，產生的變化又會更多。

　　所以不是要討論哪一種投資工具更棒、方法更優，而是該種投資方法跟選項是不是適合你，這也是我寫《專買黑馬股 3：K 線捕手楊忠憲教你用 1 張表逮飆股》這本書時在思考的問題。

　　之前，我已在《Smart 智富》出版過 2 本書，分別是《專買黑馬股，出手就賺 30%》以及《專買黑馬股 2：從魚頭吃到魚尾的飆股操作法》，因此著手撰寫這本書時，我不斷思考，還有什麼遺漏或不足的地方？要怎麼做，才能讓讀者精準又快速地挑出飆股？

　　股票投資中，比較重要的命題、邏輯、架構、元素或路徑，不外乎是：資產配置、分辨盤勢多空強弱、資金和檔數的調節、風險控管、投資目標、選股條件和依據、交易工具、買進策略、漲跌變化的因應、賣出的條件設定、交易和盈虧過程的心理調適、交易完畢的紀律和檢討等。

　　而上述部分環節，我在前 2 本書都有提過，但隨著個人交易經驗的增加和成長，以及股市實戰的外在時空改變，需要再深入探討和更新，並融入一些網友常遇到的問題。

　　讀者既可將《專買黑馬股 3：K 線捕手楊忠憲教你用 1 張表逮飆股》這本書作為前 2 本書的補充，也可視為全新獨立的書籍來閱讀與學習，即使沒有讀過前 2 本書，直接閱讀本書也不會有障礙。不過，倘若本書的內容可以與前

2本書對照或交互印證，我也會適時加以引用。

　本書共有 8 章，是從經驗分享開始談起，漸漸聊到投資飆股最需要留意的風險控管、如何解盤、如何用籌碼輔助判斷、如何快速選出飆股，以及綜合交易等細節，最後則是一些專職投資人的自我檢視，以及這幾年我在股市的投資心得；本書探討的內容，都是以「價差」為主要獲利模式，至於長期投資、配股配息，那是另一個宇宙，不在本書的討論範圍。

　此外，股票的基本定義、如何開戶等庶務性資訊，以及基本面、技術面和籌碼面等投資工具，由於這些資訊只要上網搜尋，或是一般坊間書籍就已有多不勝數的內容，因此礙於字數和篇幅，本書不會再針對定義和公式多做說明，而是聚焦在投資人更迫切需要知道的知識，直接切入應用和實戰。

　現在網路資訊流通快速，資訊爆炸的威力比核彈還要大，知識的取得已經不是難事，難的是「選擇」跟「過濾」，這 2 點相當重要。記得，千萬不能人云亦云，把破碎的資

訊胡亂拼湊，最後畫虎不成反類犬，會變成災難一場。

人生要積極求富，不要仇富

曾經看過一個笑話：「人生所有的問題，90% 可以用錢解決；剩下的 10%，用更多的錢也可以解決。」雖然這個笑話聽起來很諷刺，但現實似乎真的是如此。如果事情無法用錢解決，恐怕也很難用其他辦法解決。

每當財富分布或者是薪資所得比率的報告公布時，總有許多人抱怨貧富不均、資本家壟斷、政府無能、沒有公平正義……；但其實真相是，任何執政者在位，都一定會有富人、有乞丐。抱怨不能解決事情，況且承平時期，社會階級差異本來就會愈拉愈大，只有亂世才會讓多數的財富重新分配。

學習投資，不該是因為厭惡職場而想提早退休，而是希望人生能有更多自由和可能。只有當身體的勞動和大腦的勞動不再是為了生存，而是能夠賦予自己生命意義時，身體和靈魂才可以完全在自由意志內翱翔，這才是財富自由

的真諦，也才能讓人生有更多的選擇。

　　每個人的起點和追求不同，有可能是從負債變成沒有負債、從貧窮變成富有，或者是從富有變成更富有。追求財富是必要的，但千萬不要達到財富自由之後，反而沒有生活重心、沒有目標，對這個社會毫無幫助，這樣只是成為一個有錢的植物人而已。

　　我也認識許多身家豐厚的富人，他們並沒有因為有錢就隨便揮霍，而是善用這些財富，讓生活過得更加精采，這才是財富自由的真正意義。

　　人生就像股市走勢，即使整體趨勢是大多頭，中間仍然會有許多坑坑洞洞、起起伏伏，不會一路順遂。網友和讀者往往以為我永遠充滿能量、正面樂觀，但真實人生也有失落、低潮，甚至崩潰無助的時候。

　　我和大家一樣是凡人之軀，很多時候都是被工作、被時間、被客戶推著走，甚至是被這個時代逼迫著成長。就像 2005 年的農曆年，我的戶頭曾經只剩下 8 萬元，還要發

5 家店的員工薪水；2010 年也曾投資股票慘賠 500 萬元，但我還是堅持過來了。

　　抱怨、嫉妒、仇恨是無法解決問題的。千萬不要有仇富心態，仇富只會讓你離財富和有錢人愈來愈遠；貧富差距不重要，重要的是你身處哪一個階層，有沒有努力試著讓自己往上跳？

　　儲蓄是把過去的努力保留下來，儲存的不只是金錢，而是幸福的基石；而投資是在儲蓄的基礎之上，讓未來的財富累積並成長──投資理財，所理的不只是財，而是給未來自己的承諾。我也在求富的道路上，與各位同行。

Chapter 1

《經驗分享》

投資難以自學 市場永遠是最好的老師

　　常常有人問我，股票投資究竟要學多久，才能學得會？要花多久時間，才能快速找出飆股，並從中獲利？其實時間永遠掌握在自己的手中，你花愈多心思鑽研，學會的速度就愈快。

　　每個人努力的程度都不一樣，想要學會股票投資，首先就是「認清自己的無知」，明白過去的自己就是在亂買、

亂賣，進而願意進入學習狀態。悟性高又勤勞的投資人，可能只要花 1 ～ 2 年就能覺醒，進入學習狀態；但悟性差又偷懶的投資人，終其一生可能都無法跳脫亂買、亂賣的情況，即使過了 10 年、20 年、30 年，都還困在這個迴圈裡。

先認清無知再學習，才能內化知識

進入學習狀態、認清學習是很重要的事之後，接著就是「大量學習」，而這一關又分成「自學」和「拜師」。

自學就是透過看書、網路上找文獻資料，自己獨立閉門學習；而拜師則是經過讀書和閉門研究之後，發現靠一己之力，根本不可能完成這樣的學習，再去找尋其他管道。

這就好像一個連數字 12345 都不懂的人，如果靠自己摸索去看一本加減乘除的書，在沒有人講解和引導該如何運算的情況下，能靠自己學成的，恐怕是鳳毛麟角。於是在這個階段，會開始到處聽演講或分享會，但發現這樣還是不夠，進而開始到處拜師學藝。

拜師學藝之後，下一步就是要理解老師教的內容，並且記憶背誦。股票是一門學思並重的學科，必須先把所有投資的理論跟技巧都搞懂，並內化成自己的東西，最後才是進入實戰練習，並且紀律執行。

　　到了這個階段，對於股票投資已算是略有小成，賺多賺少不一定，但已經能穩健獲利。

學習投資非一蹴可幾，打好基本功是關鍵

　　其實股票投資的關鍵，不是股市中賺錢的機會有多少，或是要學習多久，而是要想辦法讓自己站在贏家的那一邊。如果總是抱怨股票好難做、股票有幕後黑手、政府都不護盤、主力洗盤洗太凶……，卻不怪自己技不如人，最終只會讓你成為散戶的集合體。

　　不要以為人多力量就大，多數時候，散戶抱團取暖，只會弱上加弱，很多網路的自救會社團或群組就是如此。

　　反過來想，只要願意進入學習的狀態，不是整天聽消息

買股票、人云亦云，就已經打敗很多人了。任何一門專業、技能、學科的訓練過程，從完全不會到半生不熟，接著滾瓜爛熟，最後變成自己的東西，其實過程和方法都是一樣的，投資當然也是如此。

如果在投資的路途上，遇到什麼困難，請試著回憶你最擅長的一項專業，想想你是怎麼從不會到精熟，甚至變成賴以為生的本事？把這樣的學習過程，套用在股票的專業養成上，其實就可以了。

一念通、萬念通。不論你的股齡有多久，請謹記古希臘哲學家蘇格拉底（Socrates）說的：「我唯一知道的事情，就是我什麼都不知道。」（All I know is that I know nothing.）學無止境，市場是永遠的老師，所以直到現在，我仍然謙卑地跟市場學習。

如果非得要說出一個具體的學習時間，或許可以讓各位比對和感受一下：大學 1 學期平均 20 學分，等於 1 週至少要讀 20 小時，扣掉寒暑假、國定假日，1 年大約讀 9 個月，1 個月以 4 週計算，也就是有 36 週，算下來 1 年

上課 720 小時，4 年就 2,880 小時，還不包含課後複習和考試（這只是粗略估算，不要過度吹毛求疵）。

為什麼我會這樣比喻？因為你可能讀完大學 4 年，拿到學士畢業證書，在職場上還達不到投資所帶來的報酬和效益。所以，花大量時間學習投資、學習如何快速找到飆股，這個付出值不值得？應不應該？我想答案不辯自明。

如果覺得 2,880 小時太多，那幫你打點折扣，除以 10，就是 288 個小時，我想這個數字應該很客氣了。如果你投入學習和實戰時數不夠，投資虧錢是很合理的——倘若學習一個實用的專業能力，可以讓你一生衣食無缺，而且不用再看老闆臉色，每天過得自由自在，奪回人生的主導權，那麼應該花幾個小時學習？我不知道，答案在你自己的心中。

改變從現在開始，求富道路更寬廣

再用另一門大家從小學到大的英文來比喻：假如想要跟外國人對話，需要背至少 1,000 個英文單字。今天曉風和

小義都想要跟外國人對話，不過差別在於，曉風只要睜開眼就在背單字，小義則是邊讀邊玩，漫不經心。

請問，這 2 個人學習進度會一樣嗎？一定不一樣。同樣是背 1,000 個英文單字，曉風可能只需要 1 ～ 2 年的時間就可以背完，但小義卻可能要花 10 年以上的時間。

股票投資也是一樣，你投入的程度愈多，學得就愈快。西洋棋王加里・卡斯帕洛夫（Garry Kimovich Kasparov）在傳記《走對下一步》（How Life Imitates Chess）說：「努力和成就之間有一種很玄妙，但非直接的關聯。持之以恆絕對值得，即使不見得總是有立竿見影的回報。」一日三練，三日九練，百鍊成鋼。

我學股票投資的前 3 年，真的都在讀股票投資書，而且每本書至少都會讀 3 遍。第 1 遍是詳讀，第 2 遍開始畫重點，當成是讀聯考、國考、證照的教科書那樣，第 3 遍則是把畫線部分手寫成筆記，最後再將筆記輸入電腦，印成小冊子，之後就精讀跟背誦那本小冊子。我認為只有這樣，才叫做「讀過一本書」。

會覺得這樣很辛苦嗎？不會，因為我這樣子精讀過的股票投資書，至少 80 多本，一些朋友也都看過我從電腦印出來的這種小冊子——股市和真實人生一樣，沒有不勞而獲，都是一分耕耘、一分收穫。如果你讀了很多經典投資書，卻覺得沒什麼改變，那肯定是方法有問題。

我曾和朋友說，我是用生命在學股票。許多人以為我在開玩笑，但這不是笑話，是真的。所以當我聽到散戶說「玩」股票時，你就知道我心中有多生氣。我當成跟生命一樣珍貴的東西，大多數的散戶卻拿來「玩」。

一般的上班族，不能常常盯盤，所以要盡量找低位階、剛剛起漲的股票，這樣才能避開追高的風險；但仍有不少朋友會找到從底部起漲已經超過 50%，甚至數倍的股票，然後問我「可以追嗎？」這時我就會反問他，「你覺得這個位階，低嗎？」

這時，朋友往往都會說「位階很高」，我接著會反問，「那你為什麼還選它？」最後，朋友才會不好意思、吞吞吐吐地說，是從其他人那兒聽來，或是在媒體看到的股票。

　　明明知道位階很高就是風險，卻還是習慣聽消息、選擇追高位階的股票。像朋友這樣，如果只是看過書、上過課，卻沒有內化吸收，仍然左耳進、右耳出，甚至只是從親友、電視、網路吸收破碎的知識，並且仍用原本的思維跟方法投資，重複錯誤的行為，在股市中是無法賺到錢的。

　　不要想用舊的能力去賺新的錢，脫離舒適圈，創造新的能力圈，才能到下一階段的舒適圈。不用很厲害才能開始，但必須開始，才有機會變成很厲害！

Chapter 2

《風險控管》
最重要的投資課
不被市場淘汰才是贏家

　　飆股，就像一塊外表閃亮誘人的巧克力蛋糕，人人都想搶先咬上一口。但你知道嗎？隱藏在蛋糕裡的，可能不是甜美糖霜，而是一顆硬到足以崩壞牙齒的核桃。這正是追逐飆股的真實寫照：在讓人一夜暴富的美夢背後，暗藏著險峻的荊棘與陷阱。

　　有經驗的投資人都明白，真正的勝負，從來不是在挑選

飆股的那一刻，而是在入場之前，是否已做好萬全的風險控管。這不禁讓人聯想到 1984 年的一場傳奇實驗「海龜交易實驗」。這個知名的投資養成計畫，只用短短 2 週的密集課程，就將完全沒有財經背景和交易經驗的一般人，訓練成績效卓越的操盤手。

而海龜交易實驗的第 1 堂課，說出來可能會讓多數人大失所望，因為這堂課既不是教投資人如何從茫茫股海中選出飆股，也不是精妙絕倫的交易神技，單純只是老生常談的「風險管理」──大家從這件事情就可以知道，風險管理的重要性。

真正的富人投資，求的是整體帳戶的投資回報與穩定度；但窮人往往無視風險，只想靠一次 All-in 賺大錢，期盼像中樂透一樣，靠 1 檔、2 檔飆股來躋身有錢人之列。然而，投資不能只想到利潤，而沒看到風險。

懂得風險管理的人，乍看之下比較怕死，但懂得怕死的人比較不容易死，不怕死的人通常死比較快。所以建議投資人，在開始投資之前，必須建立防火牆，避免投資過程

中存在的種種風險。

投資要穩健，須留意2大風險

至於投資飆股時，投資人會遇到的風險有哪些呢？最常見的有以下 2 種：

常見風險1》情緒風險

情緒風險，是指投資人受到情緒影響，做出不理性決策，導致投資出現損失的風險。

當投資人遇到不同情況，比如生活節奏、工作雜事、家庭氛圍、人際關係、投資商品價格漲跌時，會出現不同的情緒，而情緒的高低起伏、緊張與鬆弛，絕對會影響投資的理智和紀律。像是高度壓力下的緊張情緒，很容易直接干擾交易的客觀性；而過度樂觀或過度悲觀，也會導致操作不穩定。

在飆股投資中，這種情緒風險尤為明顯。例如，害怕錯過漲勢的貪婪心態，可能驅使投資人追高買入；而短期波

動引發的恐懼，則可能讓人過早止損，錯失後續反彈的機會。自信過度或從眾效應，也常讓投資人忽視風險，導致不必要的損失。所以只要身處股市中，就必須很認真地把投資當成職業跟工作。

即使不是專職投資人，也需要時刻保持身心靈的穩定，盤中的時候才能做出理性、客觀、紀律、正確的交易行為；如果當下的心理狀態不適合交易，就必須要考慮降低資金比重，必要時甚至要暫停交易，休息一陣子，等到之後心理狀態回穩，才可以再繼續投資。

常見風險2》資金風險

資金風險，是指投資時因為股市各種因素影響，導致股價下跌，使本金出現虧損的風險。尤其在投資飆股時，資金風險尤為突出，因為飆股的波動性大，容易讓投資人面臨劇烈的價格變動，若過度集中資金於少數高風險股票，資金損失的風險便會顯著增加。

如果投資人想要降低資金風險、避免投資虧損，可靠「預防」和「治療」2種策略──預防，是指進場投資前做好資

產配置、資金調節、慎選目標、檔數分配等；治療，則是指進場投資後，萬一判斷錯誤，股價下跌使投入資金產生虧損時，必須紀律停損。這兩者都很重要。

參照法人做法，控管資金與持股檔數

了解情緒風險和資金風險這 2 種常見的風險之後，下一步就是要控制並管理風險，也就是俗稱的「風險控管」。實戰上，在操作飆股時，最常運用的風險控管方式是「資金調節」和「持股檔數控制」：

風險控管1》資金調節

資金調節可以分 4 個階段：空手、保守做多、做多、積極做多。如果用具體的量化數據，持股資金比重分別是 0%、30% 以下、50% 上下、80% 以上（但很少有100%）。這並非是我的獨創發明，而是法人、大戶也都是如此做法，會依照投資風險高低，透過控制資金比重調節來達到風險控管。

股票交易必須有節奏，不是每年從 1 月 1 日到 12 月 31

日、年初到年尾都要繃得很緊才叫股票交易。行情好，要好好把握，勇於重壓股票；行情不好，該休息的時候就要休息。

　　這就好像開車一樣，紅燈停、綠燈行，黃燈要警戒。遇到路況好的時候，可以把油門踩重一點，加速前進；但是遇到路況不好，比方下雨、起霧、車禍事故等，這時就應該油門踩輕一點，放慢速度，甚至先停車觀望一下，等待路況轉好的時候再重新出發，肯定不會 1 年 365 天油門都踩到底。

　　投資也是一樣，需要依照盤勢多空和位階現況，將操作商品分成個股和指數型商品，做資金比重調節（詳見表1）──該積極要積極，該放鬆要放鬆。在股市中養成適時休息的習慣，不只是為了走更長遠的路，更是一種美德。適時地停下腳步，不只可以避開風險，更可以讓自己對行情判斷更加理性客觀。

　　好比每一次遇到股市空頭來襲時，我都會提醒周遭有在投資的親朋好友要小心、要降低持股的資金比重；但也不

止一次聽過朋友對我說:「你好保守喔!」其實我都聽習慣了,而我通常聽到這樣的質疑,也只會回以一個淡淡的微笑,然後說:「對啊!我是滿怕死的。」

後來我才發現,那些說我保守的朋友,他們積極操作的真實情況,常常是不分多空、死命進場。明明趨勢走空,還硬要盲目做多,甚至重壓資金,最後往往都虧損連連,這是散戶常見的毛病。

散戶不管多空都積極做多的原因,往往都是受到媒體的鼓動。可惜大多數的媒體,都不會提醒投資人要注意風險,即使趨勢真的翻空,也告訴投資人要樂觀,中長期趨勢不變、要逢低承接、找基本面好的股票(詳見註1)。問題是,投資人如果高檔時沒有避開風險、保留充沛資金,低檔時哪有錢買進?

在高檔時能夠全身而退,保有最多的現金,才有資格談低檔布局,參與新一波的行情;如果高檔已經套了滿手股票,就算有一天指數落底,也只能抱著一堆虧損股票等解套而已。

表1 依照不同盤勢，應適時調節資金

個股和指數的資金比重

盤勢概況	個股		指數	
	操作方向	資金比重	操作方向	資金比重
初升段、主升段	做多	高、中	做多	高、中
末升段	做多	中、低	做多	低
高檔盤整	做多	低	觀望	零
高檔起跌	做空	低	做空	低
初跌段、主跌段	做空	高、中	做空	高、中
末跌段	做空	低	做空	低
低檔盤整	做空	低	觀望	零
低檔起漲	做多	低	做多	低

對於習慣單向操作，只做多、不做空的投資人來說，中長空頭趨勢來臨或出現系統性風險時，手中不留股票（即俗稱的「空手」）、只留現金是最好的避險方式。

註1：一個年長我20歲的資深媒體人曾告訴我，多年前剛入行時，進公司的第1天，主管交代她什麼都可以寫，就是不能寫「空」。這是媒體不能說的祕密，必須永遠看多，才會有流量；喊空、看空、教停損，就是會沒流量。說真話沒人信，吃力不討好，所以沒人要做。

　　然而，空手並不是放假的開始，而是另一種不同的考驗。首先要面對的是保持永遠的客觀性，不能因為自己空手，就每天希望出現崩跌。不管昨天看多、看空，今天解盤就是從頭再來。

　　其次是要承受看錯的風險和內心的煎熬。當你完全空手時，如果真的遇到較大的崩跌，當然可以避開風險；但萬一判斷錯誤呢？盤勢並沒有出現預想中的跌勢，整理後不久趨勢轉強翻多，那就會面臨必須重新迅速增加持股，追高股票的風險（詳見圖1）。

　　所以空手真正的意義不是放假，而是可以相對悠閒地看待盤勢，但不是完全不關心，而是挑重點看，一樣要定時做功課，整理有潛力的觀察股──最重要的是要記得，「昨日種種譬如昨日死，今日種種譬如今日生」，每天解盤，都要把昨天忘掉，觀點歸零，重新思考。

　　以上是行情不好、需要保持空手的狀況，但如果今天行情好呢？行情好，那你投入的資金就可以多一些。不過投入資金多一些，也不是叫你全部壓在同一檔股票上。

圖1 趨勢轉強翻多，策略迅速改為增加持股
以加權指數日線圖為例

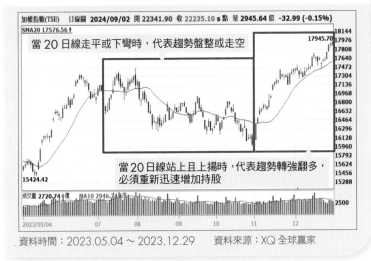

加權指數(TSE) 日線圖 2024/09/02 開 22341.90 收 22235.10 s 點 量 2945.64 億 -32.99 (-0.15%)
SMA20 17576.56↑

當 20 日線走平或下彎時，代表趨勢盤整或走空

當 20 日線站上且上揚時，代表趨勢轉強翻多，必須重新迅速增加持股

17945.70
15424.42

成交量 2720.74↑ MA10 2946.24↑

資料時間：2023.05.04 ～ 2023.12.29　　資料來源：XQ 全球贏家

就我個人習慣來説，即使是在積極做多時期，無論再怎麼看好一檔個股、覺得它是一檔潛在漲幅極大的飆股，投入的資金占比大致就是總投入資金的 20%，最多就是 30%。

舉例來説，如果總投入資金是 500 萬元，那麼買進該檔潛在飆股的資金就是 100 萬元（20%），就算再怎麼看好，

最多也只能增加到 150 萬元（也就是 30%），不會放大到 250 萬元，甚至 500 萬元。

那麼，有沒有哪一種情況是不需要資金調節，可以永遠滿持股？當然有。

第 1 種情況是投資人可以完全紀律操作，沒有絲毫的人性弱點跟猶豫。例如，某人可用資金為 1,000 萬元，1 年 365 天永遠持有價值 1,000 萬元的股票；某天金融市場出現突發系統性風險時，有辦法立即辨識，且能在第一時間砍光持股，縱使持股部位瞬間虧損 100 萬元～ 200 萬元也承受得起（這是最保守的假設）。具備這樣心理素質的人，就可以不做資金調節。

第 2 種情況是投資人資金很低，比如低於 50 萬元，這時候做資金調節的意義也不大。因為 50 萬元再做分割，潛在的獲利金額和能購買的商品相對有限；而且以總投入資金 50 萬元來說，即使盤勢突然遽變，瞬間慘賠 50%，也不過損失 25 萬元，雖然心情還是很沉重，但個人或家庭經濟不至於受到太大影響，應該還能承受得起。所以資

金低於 50 萬元的人，可以不做資金調節。

除了上述 2 種情況，我認為投資人最好都要做資金調節。許多剛入行的投資人，喜歡把 All-in 掛在嘴邊，而會說 All-in 的人，本質上就是想以小搏大。以小搏大必然伴隨高風險，但高風險不等於高報酬，一旦風險大於利潤，很容易就墮入賭徒之流，而非投資。

將資金全部重壓單一個股，如果壓對，自然會大賺；但萬一看錯，那麼只要 1 次投資布局錯誤，就足以讓投資人從股市中畢業。投資，永遠要把風險想在利潤之前。

多數散戶投資人習慣每天進行交易，通常是因為分不清行情好壞，在連連虧損之後，最後發出嘆息甚至抱怨：「最近好難做！」當行情不好，本來就會增加操作的挫敗感，長期以往，信心自然會被消磨殆盡。

投資人不要過度迷信「個股可以打敗大盤」，當外在行情不好的時候，個股操作難度是很高的。畢竟「個股再強，強不過大盤；大盤再強，強不過國際股市」，勉強硬要操作，

就像是期望能在 100 顆石頭裡，挑出 1 顆鑽石。

　　行情不好的時候，就應該降低資金比重，不要過度交易；等到行情好、滿地都是鑽石的時候，你再輕鬆低頭去撿。不過要記住，即使你挑到鑽石，也要謙卑面對，因為那是運氣好，最重要的是，你要記得在行情還沒變差之前離場，不然鑽石又會變回石頭。

　　除了做好資金比重的控制之外，資金的多寡，也對操作有很大的影響。股市中流傳著一段像是繞口令的諺語：「本多利少，利不少；本少利多，利不多。」其中「本多利少，利不少」，指的是如果有 1,000 萬元本金，只要獲利10%，就有 100 萬元報酬；「本少利多，利不多」，指的是如果只有 1 萬元本金，即使獲利 100%，最終也只有 1萬元報酬。

　　雖然理論上是如此，但初始的總資金，並非一定高或低才正確，而是要隨著不同的學習階段做調整。

　　學習投資的初期，資金比重必須相對低，如果新手操作

的資金比重太高，容易有風險；但也不能太低，因為會對漲跌賺賠無感，不易累積實戰經驗值。這個階段，要做到不以獲利為目標，而是以完成正確的選股和交易為目標。

等到投資的中後期，不論選股、交易、心態都已經成熟，投資有充分的把握，此時就要調高資金部位，才會讓投資產生最大效益。

不同階段，要有不同階段的思維。更具體來説，用 10 萬元本金交易時，10% 的虧損只有 1 萬元；當本金放大到 100 萬元，雖然停損一樣是 10%，但絕對金額已經來到 10 萬元——停損 1 萬元可能不痛不癢，但是停損 10 萬元就需要一點訓練，更遑論若是資金部位放大到 1,000 萬元時，10% 停損會高達 100 萬元，是很多人 1～2 年的薪水，此時要能紀律停損，就必須要有相當的智慧與勇氣。

如何停損 1 萬元到停損 10 萬元，甚至到達停損百萬元，都能維持紀律？要把握 4 個重點：

1. 交易次數累積：至少要累積 100 檔以上的交易次數，

才能有扎實的經驗值。這裡說的「1檔」,是指某檔股票從一開始的試單、加碼、買足,甚至中間經過調節買賣,最後全部出清,這樣的過程只能算是「1檔」。當然交易經驗能夠超過100檔更好,次數多多益善。

2. 停損技巧鍛鍊:停損的心態、策略、技巧都需要經過鍛鍊,才能活學活用。而4種操作飆股常用的方法「技術面停損法」、「時間波停損法」、「絕對值停損法」、「生活面停損法」,我在第1本書《專買黑馬股,出手就賺30%》的第3章~第7章中都有完整說明,讀者可自行參考對照。

3. 提高選股勝率:在國際股市多頭和台股指數多頭時,選股勝率要能達到7成以上。如果未達標準,代表選股技巧可能要再精進。

4. 漸進式放大資金:新手學習投資的時候,要用低資金做練習。要到什麼時候才可以放大資金部位?其實何時可以放大資金部位,這一點並非刻意為之,而是自然發生的現象。

當操作一段時間，可能半年、1年，甚至更久，觀察到長期累加總計都能維持正報酬，膽子自然就會變大了。一開始1檔股票只敢買1張，之後變成3張、5張、10張，接著跳到20張、50張，在資金許可下，甚至能買到100張。只要勝率和績效的成果豐碩，膽子就會愈來愈大。

但還是要提醒，資金和張數放大的過程中，腳步要慢，要漸進式地擴大，不要一次性地從10萬元放大到100萬元。畢竟操作10萬元的心理素質，不見得能立刻應付操作100萬元的心理變化。

建議投資人可以用勝率做標竿。例如，一開始用10萬元本金交易，操作一段時間後相當熟練，勝率達到65%以上後，才可以將資金放大到30萬元；一段時間之後，勝率提升到75%以上，再將資金放大到50萬元。就這樣不斷以勝率為基準，逐步放大投入資金，才能最大程度地降低風險。

風險控管2》持股檔數控制

投資很像在種花。一般人都喜歡種新花，一直種、一直

表2 **外在風險愈高，持股檔數愈少愈好**

資金1,000萬元以下建議配置

外在風險	建議投入資金	股票配置檔數（檔）
極高	保留現金	0
高	30%以下	1～2
中	50%～80%	2～3
低	80%～100%	4～5

註：資金部位和檔數配置只是概念，並非死板原則，可依據個人的交易習慣和能力調整

種，但往往疏於管理種滿花的花圃。長此以往，花圃的花一定會枯死。

比較好的方式，是不要一次在花圃種太多花，這樣一來，才有足夠的時間和精力把每朵花都照顧好。

這就好像指數多頭起漲時，遍地都是飆股，好股票肯定會多到買不完，但是一定要有紀律。不管股票有多好、潛在漲幅有多高，如果資金在 1,000 萬元以下，建議個股檔數上限就是 5 檔（詳見表 2）；如果資金在 1,000 萬元以上，持有的個股檔數可以多一點，但建議不要超過 8 檔（詳見表 3）。然而，無論是持有 5 檔或 8 檔，買滿之後就不

表3 **行情佳、資金充沛，建議持股8檔為上限**

資金1,000萬元以上建議配置

外在風險	建議投入資金	股票配置檔數（檔）
極高	保留現金	0
高	30%以下	1～2
中	50%	3～4
低	60%～80%	4～5
極低	80%～100%	6～8

註：資金部位和檔數配置只是概念，並非死板原則，可依據個人的交易習慣和能力調整

能再增加。

　　我自己是以持有 5 檔個股為上限，買滿之後，就算新發現的個股表現再好、潛在漲幅再高，在沒有賣出現有持股之前，都只能觀察或是備著；等手上個股出脫 1 檔，才能再買 1 檔新的，避免手中一堆股票。

空頭檢驗實力，降低風險擁有更多餘裕

　　風險控管就跟保險一樣，假如沒有保險，沒出事的時候，你可以活得自在快樂，但是當你不幸發生意外卻又沒有保

險支撐時，未來要面對的，可能就是難以想像的資金和生活壓力。

　　我在初學股票投資時，就設想過一種情境：假使有一天股市大跌或是出現系統性風險，當下滿手都是股票，我該怎麼避開這個問題和風險？有沒有可能避開？有沒有可能提早發現？發生反轉的時候，要如何全身而退？我覺得能控制這樣的風險，投資系統才是真正完善。

　　因為就經驗來說，股市多頭往往分不出高低勝負，只有空頭才能檢驗實力。投資人如果想要控制崩盤風險（詳見註2），可以在每天進行交易時，檢視自己的條件，依照風險高低與操作難易度，決定投入資金的比重以及對應的檔數，思考當下還有沒有資金額度可以交易？持股檔數是否已經到了上限？如果資金還有額度、檔數還有餘額，接著才是判斷買與不買？買多少資金？買幾張？並且要立刻執行。

　　還有要謹記，不要怕錯過股票，因為下一檔永遠會更好。投資人會一直想買股票的原因，有一個潛在心理，就是「怕

錯過」。因為真實人生中，許多機會都只有 1 次，導致人們存在著怕錯過的心理；但投資股票是很幸福的，只要股市有開盤，在交易時間內都有機會進場操作，所以真的不要有怕錯過的壓力。

對於崩盤的風險控制，另外有一個重要關鍵，那就是趨勢的改變都是有節奏的。我在投資第 2 年的時候，就透過技術面的「領先指標」和「同時指標」（詳見第 3 章），克服了這個風險，因此投資股票近 15 年來，每次指數大

註2：每次加權指數單日跌幅較大時，很多朋友會很緊張地問：「股市會不會崩盤？」其實這是很難回答的問題，因為光是「崩盤」2字，就會因交易週期跟商品不同而產生很大的歧異。

對做期貨和當沖的人而言，加權指數1天跌300點，可能就算崩盤了，因為已經賠到連爸媽都不認得；對做現股的人而言，可能加權指數要跌1,500點以上才是崩盤；如果用國際股市和指數來定義長線走空，那要跌20%以上，以加權指數2萬多點的台股來看，要跌4,000點以上才算崩盤；而對於真的做長線或是價值投資的人而言，可能指數必須腰斬、跌破1萬點，才會認為是崩盤。

所以當我陳述盤勢時，不大會用「崩盤」這樣的詞，因為對不同類型的投資人來說，解釋方式會有很大的不同，對應的策略差異更大。

幅修正，我都能順利全身而退。

在操作飆股時，每次技術面短線轉折發生，都需要謹小慎微。有些新手投資人可能會覺得很煩，畢竟技術分析的翻空訊號，有時會讓人感覺很像〈狼來了〉的故事，跟你說了很多次「狼來了、狼來了」，卻都沒有看見狼，但終有一天，狼真的會來。

技術面短線轉折發生時謹慎操作，是為了避免之後發生更大的風險，避免所有羊群全被野狼殲滅。因為短線翻空其實是中期翻空、甚至長期翻空的前哨站，有時只知道短期翻空風險，那減碼速度可以慢一點；但有時可以判斷接下來會有中期翻空跟長期翻空風險，那減碼速度就要再快一點。

畢竟加權指數回檔 10%，個股就會大地震；加權指數中期回檔，就可以讓個股血流成河；若不幸碰到歷史上的股災，如 1929 年華爾街股災、1990 年日本股災、1990年台灣股災、2000 年網際網路泡沫、2008 年金融海嘯……，恐怕更會讓許多人傾家蕩產。

　　對一般散戶而言，最好的避險就是保留現金，只有在高檔時能夠全身而退，持有最多的現金，才有資格談低檔布局，參與新一波的行情。

　　許多投資人面對動盪更為劇烈的市場時，相信自己永遠能全身而退，甚至還不斷增加自己的風險。但這種人只要碰到 1 次股市回檔，就很容易受傷。

　　總之，適時少賺，是為了能夠更長久且穩定地賺下去，這一點在股市大多頭的時候，很容易被遺忘，但在股市劇烈動盪，甚至是大幅回檔時，往往才會被人們想起。與其事後後悔，不如未雨綢繆、嚴守紀律，在台股這個市場上，賺多賺少並不重要，重點是長存──只有先把風險控制好，才能成為市場的贏家。

Chapter 3

《行情解盤》

工具在精不在多
看懂訊號掌握多空盤勢

　　投資要獲利，需要「盡人事」和「聽天命」——盡人事代表充足準備和全力以赴，而聽天命，用白話一點説，就是運氣。

　　可能很多人不知道，股市中的運氣是可以控制的，讓運氣變好的方法就是「順勢交易」，尤其是在飆股的操作中，順勢更是至關重要。國際股市和台股加權指數的趨勢，決

定了投資人的運氣，懂得分析和研判股市行情，絕對可以讓運氣變好。

趨勢對的時候才容易獲利，當趨勢一旦對了，投資人運氣就會很好，自然而然風險就會降低，順風順水如有神助。因此，在投資飆股時，順勢操作是關鍵，只要股市走在正確的方向上，順著大盤的趨勢操作，就能夠大大提升獲利機會，而投資人趁行情好的時候積極進場，勝率也自然就會高。

反過來，假如現在的條件明明不適合操作，卻硬要積極選股和交易，自然就會覺得運氣很不好。此路不通卻硬要走，那就要有很強的心理素質，並承受失敗和挫折的準備。

空頭市場充滿悲觀氣氛，如同遇到一群向下狂奔的野獸，這時候千萬不要天真地想用一己之力去阻擋，硬要進場做多，否則一定會感到很挫折；遇到空頭來襲，投資飆股的失敗機率很高，即使你挑的是基本面、籌碼面、技術面、消息面等所有篩選要件都具備的好股票，還是很容易碰釘子，這就是趨勢的力量。

市場有一句老話：「新手看價，老手看量，高手看籌碼，贏家看趨勢。」許多人投入股市，就是想要追求勝利。

若從《孫子兵法》的角度來看，「勝利」可以拆成 2 個字來看：勝是贏（win），是戰略的最終目標；利是利益、好處（benefit），是戰略決策。

進一步將這 2 個字做排列，可以有 4 種組合：「有勝有利」、「無勝有利」、「有勝無利」和「無勝無利」——「無勝有利」，是不戰而屈人之兵，為上上之策；若遇到非戰不可的情況，想要「有勝有利」，就要有先勝後戰的策略，不打沒把握的仗；當遇到「有勝無利」，甚至「無勝無利」，也就是風險大於利潤的情況，就要避免。

盲從外在資訊風險高，加入觀點更可靠

投資就像打仗，不是無時無刻都能賺錢，所以解盤真正目的是「不打沒有把握的仗」。真的好運氣，其實不是求神拜佛，也不是打聽小道消息，「明辨趨勢的多空強弱」就是投資人的運氣。

想要明辨趨勢的多空強弱，就必須懂得如何解盤。解盤是蒐集所有客觀和具體的資訊，包含基本面、籌碼面、技術面等，然後理性地全面完整綜合研判，嚴格篩選和過濾，最後得到對未來走勢的有效結論（詳見註1）。

多數人每天都習慣先看報章雜誌和網路媒體資訊，閱讀和解讀這些訊息之後，才產出盤勢觀點，甚至是操作策略。但那並非是你真正的觀點，很可能只是間接被植入腦中，或者說是「抄來的」。

當過度依賴某個資訊來源才能得到觀點，就會很被動地等待資訊改變；萬一資訊沒有更新、資訊中斷，甚至是有錯誤，這時候你又沒有獨立思考和判斷的能力，依照市場當下的變化和波動加以應對，只能在盤中發呆，沒有辦法進行自主性修正。

《底層邏輯》這本書裡提到，一個人的思維和認知，大

註1：有效結論：指預測或評估，長期累計下來，有8成以上機率會實現。

概可以分為 4 個階段（詳見圖 1）：事實（Fact）、觀點
（Opinion）、立場（Stand）和信仰（Belief）。解盤要
從客觀事實整合成個人觀點，再從觀點產生立場，也就是
對應的操作策略，最後持有股票需要信仰；但你必須從事
實、觀點、立場，一步一步推演，倘若一開始就跳到信仰，
那就變成迷信，也就無法逆轉和修正了。

　　進入「信仰」階段的投資人，彼此沒有討論空間，這也
就是為什麼在網路的群組或論壇上，常常看到你一言、我
一語，吵得不可開交。因為到了這個階段，不論思維或認
知的是非對錯，都已經根深柢固、難以動搖。

　　「散戶聽明牌」這件事情和無意義的臆測，就是直接跳
過前 3 個階段變成「信仰」。如果訊息來源沒有修正，萬
一盤勢出現變化或出現相反走勢，投資人就無法獨立思考
和判斷，最後下場通常都不大好。

　　因此較好的方式，是利用自己學會的方法跟工具，例如
操作飆股時，可以技術分析為主，寫出屬於自己的研究報
告。因為技術分析的核心意義是以簡馭繁，價格的波動已

圖1 漸進產生觀點，投資策略更穩健
思維認知4階段

信仰	哲學宗教等級封閉體系
立場	被個體因素影響的觀點
觀點	事實轉為對事情的看法
事實	客觀存在、無參雜觀點

資料來源：《底層邏輯》

經隱含了所有資訊，包含消息面的利多利空，還有市場的想法等，只要懂得解讀指標跟型態的意義，就會得到你想知道的答案。這樣一來，就不會有真偽、變造和扭曲的風險，而且是完全的第一手資訊。

以我個人為例，操作飆股時，解盤的順序是：依照自己對技術型態指標和籌碼的觀察，先寫出盤勢觀點和操作策略，最後再跟新聞資訊觀點交叉比對，作為補充資料並檢

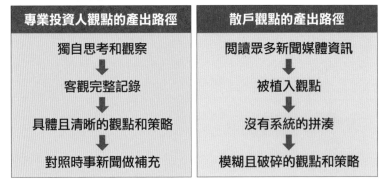

表1 投資要能獨立思考，避免人云亦云
專業投資人觀點vs.散戶觀點

專業投資人觀點的產出路徑	散戶觀點的產出路徑
獨自思考和觀察	閱讀眾多新聞媒體資訊
↓	↓
客觀完整記錄	被植入觀點
↓	↓
具體且清晰的觀點和策略	沒有系統的拼湊
↓	↓
對照時事新聞做補充	模糊且破碎的觀點和策略

視自己是否有所遺漏。投資 15 年來，我都維持著這樣的習慣。

近幾年也認識了幾位操盤同好的前輩高手，發現他們也有類似的習慣。這是一個很好的自我鍛鍊方法，可以訓練獨立思考並減少市場干擾，因為只有這樣，才是屬於自己的直接第一手資訊，而不是加工或是依賴別人資訊而產生的觀點（詳見表 1）。

解盤的精神，就是理性和客觀的均衡拆解，透過自己的

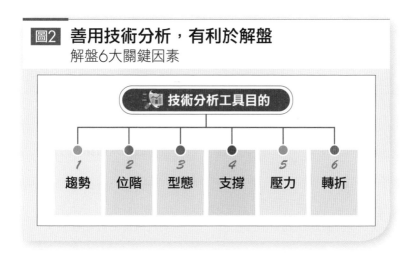

圖2 善用技術分析，有利於解盤
解盤6大關鍵因素

技術分析工具目的

1	2	3	4	5	6
趨勢	位階	型態	支撐	壓力	轉折

判斷，然後做出結論。不管最終是對是錯，那才是屬於自己的東西。

解析工具適量就好，過多恐徒增困擾

在我的分類系統中，解盤主要是利用技術分析工具搞清楚6件事情：趨勢、位階、型態、支撐、壓力、轉折（詳見圖2）。這些工具使用在指數上，就是解盤工具；使用在個股上，就變成選股工具。所以會解盤就等於會選股，使用的工具都是一樣的。

　　不過，接下來為了說明的統一，不管是以指數或個股為範例，統一都稱為「解盤」。

　　常看我解盤的人，很容易會發現，無論是解盤或交易，我都是用一套固定模組重複運用而已。但分享會時，偶爾會聽到有人問：「怎麼不看某某技術指標？」「怎麼沒追蹤某某財經數據？」「怎麼沒有提到某某媒體發布的產業新聞？」

　　其實蒐集、研究和分析眾多資訊，不外乎是為了做出結論以及研擬操作策略，例如：要做多還是做空？資金比重要高還是要低？要選指數型商品還是個股？如果目前既有的工具就足以得到這樣的效果，再無窮無盡地追蹤下去，只是畫蛇添足，增加自己的工作負擔。

　　畢竟單就技術分析工具來說，坊間能找到的可能就有近百種，怎麼可能全數納入？如果一次使用太多種技術分析工具，要不是功能重複，要不然就是沒發揮個別工具的功能，只是一直堆疊，像駢體文般大量堆砌文字，看似很華麗，卻沒有實質內容。

　　會出現這種無止境追尋的無限迴圈，通常是因為無法得出結論，或是想找出支持自己論點的資訊。因此，凡事過猶不及，解盤工具太少或太多，心態都不正確。

　　根據我長期的觀察，一般投資人的技術面工具使用，往往有 2 種極端毛病：

　　第 1 種是只關注盤中股價的波動、股價的當天漲跌，結果花很多時間學的東西全部都忘了，許多技術指標、技術型態明明擺在眼前，眼裡卻只有：個股今天漲多少元？漲多少幅度（詳見圖 3、圖 4）？

　　而第 2 種極端的毛病，就是想把所有工具統統納入自己的分析系統，但解盤工具和資訊不可能無窮無盡，因為你不可能什麼都知道。而且只要能得出結果，使用 10 個工具跟 100 個工具，意思是一樣的。

　　工具貴精不貴多，《技術分析精論》一書早在 40 多年前就歸納過，技術分析工具 10 ～ 12 種是最剛好的。我自己常用的技術分析工具，也只有 10 來種，包含：技術型態、

圖3 **觀察眾多技術指標，獲取重要資訊**
專業投資人看盤頁面

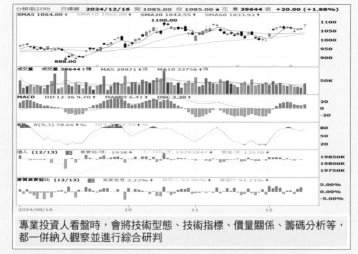

專業投資人看盤時，會將技術型態、技術指標、價量關係、籌碼分析等，都一併納入觀察並進行綜合研判

資料時間：2024.08.16～2024.12.16　　資料來源：XQ 全球贏家

技術指標、價量關係，以及各自代表的週期和核心功能等（詳見表 2）。若能將這些工具運用熟練，基本上已經能夠很清楚地研判指數和個股的行情和走向（詳見註 2）。

不過要注意的是，大家在使用技術分析工具的時候，不但要了解用法以及優點，同時也要知道個別工具的缺點是

圖4 新手容易只關注股價，忽略其他技術指標
新手投資人看盤頁面

台積電(2330) 13:30:00 1085s ▲20.00 +1.88% 39678張

←1085
←1075

新手投資人打開看盤軟體，眼中可能只有台積電今天上漲20元、收盤價1,085元，其餘的訊號跟現象均視而不見

資料時間：2024.12.16　　資料來源：XQ全球贏家

什麼。因為沒有一種指標或工具是天下無敵的，如果盲目相信單一工具完美無缺，那是非常危險的事情；也正因為如此，才需要多種工具相互搭配和組合來互補長短、避開

註2：如果對這些技術分析工具還不熟悉，或想深入了解，可以參考《專買黑馬股2：從魚頭吃到魚尾的飆股操作法》，第3章有個別工具的功能和應用。

缺點、善用優點。

　　這些工具猶如單顆的珍珠，需要一條繩子把所學所知統統串在一起，才會成為完美的珍珠項鍊。如果不懂得理解和貫串，再好的工具也只會像散落一地的垃圾。就像背了500個英文單字，但這些單字組合成句子的時候卻看不懂，那麼背再多單字也沒有用。

　　技術分析的核心目標，是要把所有技術分析工具綜合應用，發揮各自的功能，看出趨勢、位階、型態、支撐、壓力、轉折，甚至找到買賣點和目標價，得到具體結論，此時技術分析才會產生意義。

　　解盤時，有人很樂觀、有人很悲觀、有人中性看待，不論是什麼樣的看法跟意見都沒問題，關鍵是看對的時候該做什麼？看錯的時候又該做什麼？這才是最重要的。

　　要記得，解盤時要把昨天的自己忘掉，不管昨天看得再多、再空，今天就是全新的開始。「昨日種種，譬如昨日死；今日種種，譬如今日生」，試想，你會去看昨天的氣象預

表2 研判趨勢，解盤指標要用得精確

作者常用技術分析工具

技術分析工具	週期	功能
K棒	短期	判斷趨勢、強弱、支撐壓力、單一或多根K棒轉折
K線圖	中長期	判斷趨勢、強弱、支撐壓力、轉折、位階高低
成交量	短中期	判斷趨勢（價量關係）、強弱
價量累計圖	中長期	判斷大量區間支撐壓力
切線／型態	中長期	判斷多空趨勢、中期支撐壓力、目標價估算
移動平均線	短中長期	判斷趨勢、強弱、支撐壓力、轉折
指數平滑異同移動平均線（MACD）	中期	判斷高檔和低檔背離現象
KD指標	短期	判斷高檔和低檔背離現象、超買、超賣
黃金分割率	中長期	目標價估算
能量潮指標（OBV）	短中期	判斷高檔背離現象、過高的領先指標
乖離率	短期	判斷超買、超賣
動向指標（DMI）	中長期	判斷趨勢、強弱、轉折、位階高低
週K、月K	中長期	判斷多空趨勢和轉折

報嗎？如果有人告訴你，他每天出門前，都會看前幾天、甚至上個星期的氣象預報，你肯定覺得這個人腦袋有問題。

　　股市的解盤也一樣，每次解盤都是推倒重來，畢竟不會有人看著上個星期的氣象預報，然後決定今天出門要不要帶傘。

解盤區分週期，減少趨勢誤判機率

　　另外要留意的是，在開始利用技術分析工具解盤前，必須區分週期，因為不同週期的趨勢走向完全不同，K線呈現的方式也不太一樣。就好比 5 分 K 線的急漲急跌，在日 K 線圖看來不過是小紅小黑（詳見圖 5）；日 K 線的暴漲暴跌，在月 K 線圖裡也可能只是一個小小的十字線；即使 5 分 K 線出現大頭部，相同的時間週期，切換到日 K 線，就只是小黑回測 10 日線而已。

　　所以，無論解盤或看盤都是一樣，不能只死盯著單一數字，思想才不會死板板地困在一個僵化的點，要深入到線跟面，這樣才能看得更廣、更全面。

圖5 週期區間長短，影響K線波動劇烈程度

以加權指數5分K線圖為例

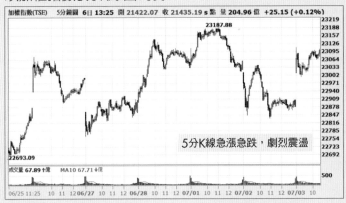

資料時間：2024.06.25～2024.07.03　　資料來源：XQ全球贏家

以加權指數日線圖為例

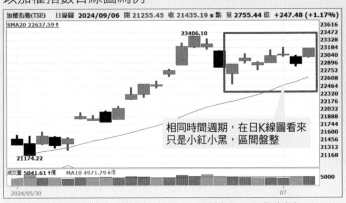

資料時間：2024.05.30～2024.07.03　　資料來源：XQ全球贏家

　　一般來説，極短線和短線趨勢常常改變，甚至進入盤整時可能一日一變，但中長期趨勢不太容易改變，所以解盤工具要搭配對應的週期。

　　至於對應的週期，究竟是短期？中期？長期？這就要看你的交易策略和操作方式是哪一種。

　　對於投資飆股來説，通常比較適合短期或極短線的交易週期，因為這類股票的波動劇烈，且漲幅往往集中在短時間內，能夠快速抓住高點進行買賣，才有機會實現可觀的利潤。

　　短線交易，小小的漲跌和價差就會決定你的賺賠；反之，做的是長線，短線的波動和震盪，可能跟你的財富變化不太有關係，就要淡然視之。

　　然而，無論做長做短都沒關係，只要清楚自己該面對的利潤和風險就好，切勿原先是短線交易，股價上漲時吹噓獲利，下跌套牢就騙自己，説服自己是長線投資，這樣是非常危險的──制定的投資週期和策略，必須有規律性和穩

定性，不能一日一變。

假如解盤只是描述當天的情況，有效期間基本上相對短，因此應該著重在領先指標和同時指標。不只是時間週期，漲跌幅也是一樣，如果是當沖，就要斤斤計較，每天漲跌10點或20點，賺賠就差很多。

倘若解盤是觀察一整年的走勢，以整年度作為規畫，那麼使用的工具可能就會是確認指標，甚至是落後指標，容許的誤差值就要寬鬆一點，誤差時間要以週、甚至以月為單位。

要順應趨勢，先掌握4種指標訊號

基本上，領先指標、同時指標、確認指標和落後指標，都是技術分析工具的一種，差別只在於訊號反應的快慢（詳見表3）。以下和大家說明各個指標的涵義：

1.領先指標

領先指標最常用的就是背離，比較常使用的有：價量背

表3 指標訊號的反應速度各不相同
技術分析工具與涵義

技術分析工具	涵義
領先指標	高檔背離
同時指標	極短線：20日乖離率、爆量長黑或長上影線 短線：5日均線跌破且5日均線下彎、10日均線跌破且10日均線下彎、KD指標出現死亡交叉
確認指標	週KD出現死亡交叉、20日均線跌破且20日均線下彎、MACD轉0軸以下、DMI的＋DI與－DI出現死亡交叉且平均趨向指標（ADX）值攀升到20之上、中期頭部出現
落後指標	60日均線跌破且60日均線下彎、長期頭部出現、月KD死亡交叉

註：此處以多翻空為例

離、KD背離、MACD背離等。背離還分為由多翻空的高檔背離，以及由空翻多的低檔背離。不過，為了避免在敍述過程中重複，此處僅以由多翻空的高檔背離為例，讀者只要了解高檔背離，低檔背離其實只是將其邏輯顛倒使用而已。

所有的高檔背離都有同樣意義，就是「股價創新高，但

圖6 指數高檔背離，是多轉空警訊

以加權指數日線圖為例

價量關係、MACD、KD出現多指標一次背離，之後空方轉折出現，指數大幅修正

資料時間：2024.04.30～2024.07.17　　　資料來源：XQ全球贏家

指標沒有同步創高」，代表 2 個本應同步的現象卻背道而馳，因此叫做「背離」。出現高檔背離，代表多頭力竭，所以背離後可能會由多頭轉為空頭，是一種領先指標（詳見圖 6）。

價量背離的上漲，很容易演變成多頭力竭的現象。猶如

一個馬拉松選手，起跑時體力充沛，就開始衝刺，但愈接近終點，愈沒有力氣，眼看著隨時要力竭倒地，仍然一直咬牙撐住，可是一旦到了終點，就會像洩了氣的皮球，整個人癱倒在地。

領先指標看起來跑得很吃力，但還是在跑，只要同時指標沒出現，就會一直撐住；不過，當有一天領先指標癱倒的時候，趨勢的反轉就會相當快速。

背離的風險分成幾種層級：第 1 種最常見，風險也最小，就是單指標 1 次背離；第 2 種反轉風險會上升一些，是單指標 2 次背離；第 3 種的風險係數又更高，是多指標 1 次背離；最後一種最危險，是多指標 2 次背離（但多指標 2 次背離在指數或大型股不易發生，較常見於中小型股）。

背離發生後，只要沒有出現轉折現象，趨勢還會持續走多，因為背離只是警訊而非賣訊，而且背離可能出現 2 次、甚至 3 次；只是背離出現次數愈多，後續風險愈高。

短期的背離常發生，甚至多指標背離也不見得一定有危

險，但是中期的背離現象較少出現，因此可能出現 1 次，就會有風險了。

技術分析的通則，愈早出現或是愈短線的訊號，準確度愈低。既然背離是一種領先指標，當然是所有現象中最快的，自然也具備準確度的缺點，甚至短期內 KD 可以背離 3 次、MACD 可以背離 2 次等，所以絕對不能用這樣不穩定的訊號作為交易工具，這是相當危險的。

背離只是警訊而非賣訊，提醒投資人在多頭的高檔背離，要留意漲多風險；反之，在空頭的低檔背離，要尋找落底機會。所以背離過後，必須出現技術分析工具「同時指標」的訊號，才能確認是真的多頭結束。

另外要注意的是，高檔背離是趨勢多翻空的警訊之一，但不代表趨勢由多翻空，就一定會出現高檔背離的現象，投資人要了解其中差異。

2.同時指標

同時指標比領先指標更為重要，是趨勢和轉折的確認工

具。同時指標又可以再分拆為極短線與短線：極短線有 20
日乖離率（詳見註 3）、爆量長黑或長上影線；短線則有
5 日均線跌破且 5 日均線下彎、10 日均線跌破且 10 日均
線下彎、KD 指標出現死亡交叉等。

急漲、甚至飆漲的走勢，通常最後會出現噴出段現象，
單日出現轉折，容易急漲、急跌，所以需要觀察極短線的
指標，修正幅度大約是 5%～ 7%；但如果是穩健多方，可
以多觀察幾日，等待短線轉折出現再做確認，修正幅度大
約是 7%～ 10%。

趨勢的改變都是由短而長，所以極短線轉折和短線訊號
出現之後，如果沒有遇到有效支撐，就會從短期空方趨勢
轉為中期空方趨勢。

3.確認指標

當週 KD 出現死亡交叉、20 日均線跌破且 20 日均線下

註3：乖離率比較複雜，可以參考《專買黑馬股2：從魚頭吃到
　　　魚尾的飆股操作法》第150頁的說明。

彎、MACD轉0軸以下、DMI的＋DI與－DI出現死亡交叉且平均趨向指標（ADX）值攀升到20之上、中期頭部出現時，因為已經是較慢的訊號，所以視為確認訊號，修正幅度往往擴大到10%～15%，有時還會更大。

但不論是同時指標或者是確認指標，都還可以作為交易訊號。

4.落後指標

出現落後指標，例如：60日均線跌破且60日均線下彎、長期頭部出現、月KD出現死亡交叉時，虧損幅度就已經相當大，往往超過20%（詳見圖7）。

因此實務上，進行交易時，應該以領先指標和同時指標為主，使用到確認指標已經是底線，而落後指標不適合作為交易工具，只是用來進行空頭趨勢的確認。

客觀理由判斷漲跌，留意趨勢有連貫性

解盤時，大家總希望每個時間點能夠盡如人意，可以完

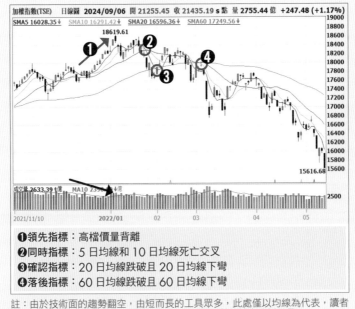

圖7 趨勢翻空，指標訊號由快而慢逐一出現
以加權指數日線圖為例

- ❶領先指標：高檔價量背離
- ❷同時指標：5 日均線和 10 日均線死亡交叉
- ❸確認指標：20 日線跌破且 20 日均線下彎
- ❹落後指標：60 日線跌破且 60 日均線下彎

註：由於技術面的趨勢翻空，由短而長的工具眾多，此處僅以均線為代表，讀者可以切換看盤軟體到同樣週期區間，以便對照其他技術分析工具
資料時間：2021.11.10 ～ 2022.05.12　　資料來源：XQ 全球贏家

全掌握未來走勢。

　　但以我的經驗，實務上，解盤大概可以分成 3 種情況（詳見圖 8）：

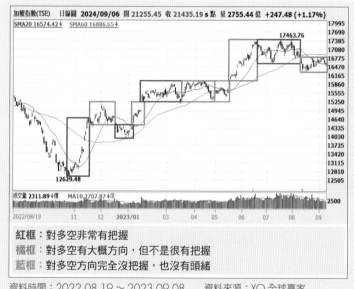

圖8 **看懂大盤3情況，掌握積極交易區間**
以加權指數日線圖為例

紅框：對多空非常有把握
橘框：對多空有大概方向，但不是很有把握
藍框：對多空方向完全沒把握，也沒有頭緒

資料時間：2022.08.19～2023.09.08　　資料來源：XQ全球贏家

　　第1種是非常有把握，甚至知道會漲到哪邊或是跌到哪邊。這種時間在1年之間大約占75%，可以依照判斷的趨勢做積極交易。

　　第2種，對多空有大概的方向，但並不是很有把握。這

種時間在 1 年之間,大約占 15%。

　第 3 種,是對多空方向完全沒把握,也沒有頭緒。這種時間在 1 年之間,大約占 10%。

　如果選股能力穩定的話,可以用直覺式解盤法來判斷。即使都是在多頭結構,仍然可以分辨出操作的難易程度與相關風險。

　1. **選股的數量**:行情好的時候,從自己建構的選股濾網中篩選出符合條件的個股,10 檔中可能就可以挑到 3 檔;但選股難度高的時候,篩選出來符合條件的個股,100 檔中可能只有 3 檔。

　2. **交易的成功率**:操作符合選股條件的個股,行情好的時候,10 檔符合條件的個股,可能 10 檔都能獲利出場,即便差一點,也有 8 檔會賺錢;但行情不好的時候,即使符合選股條件,交易勝率也會驟減到一半,甚至更低。

　也就是說,只要發現符合選股條件的個股變少、選股勝

率降低，就代表盤勢可能已經慢慢有風險。

就像 2024 年 2 月中～ 3 月第 2 週，選股非常容易，勝率也高；但進入 3 月第 3 週之後直到 2024 年年底，會明顯感到窒礙難行，即使是符合選股條件的個股，交易勝率也大幅下降。這個時候就知道，自己可能該休息一下了。

如果說現在的情況是，10 檔之中只有 1 檔符合選股條件，甚至 50 檔之中只有 1 檔符合選股條件，那為什麼不等到 10 檔之中有 7 檔都符合選股條件、行情重新回到多方、勝率高又容易操作時，再積極進場就好？

當然，以上所有的前提，都建立在你究竟是否能判斷「現在行情好不好」，如果無法判斷的話，剛好可以學習一下我教大家的解盤方式。

解盤的目的最終是為了擬定策略，包括：研判風險高低、決定做多或做空、資金比重的調節等，所以利用各種技術分析工具和籌碼工具，研判盤勢的多空強弱之後，可以依照個人的投資現況，擬定不同的策略。

對於投資飆股來說，解盤更是關鍵，因為市場的波動與情緒因素變化極快，能夠透過解盤提前預測市場走勢，可以幫助投資人避免在錯誤時機進場或出場，降低不必要的損失。

投資人可以依照本章表 2 的順序自行做練習。撰寫的要點是「描述重點」，不用長篇大論，能夠表現當下現象，並做出盤勢結論即可（詳見本章「實戰演練」）。

但要注意的是，解盤的觀點必須有連貫性，因為趨勢本來就是有慣性的，除非是盤整，否則不會一天看多、一天看空，而且要重視轉折位置和時間，不能為上漲跟下跌找理由。

舉例來說，同樣是上漲，就有「反彈」和「回升」2 種情況。「反彈」指的是空頭結構中的上漲段落，可細分為短線反彈、中期反彈、長期反彈；而反彈的基本條件，就是不會突破前高或壓力區，而且量能萎縮。多頭看支撐不看壓力，空頭看壓力不看支撐，只要沒站上壓力區，所有的漲勢都是反彈。

表4 漲跌在多空趨勢下，意義不同

多空趨勢下的漲跌情況

趨勢 漲跌	多頭	空頭
上漲	回升	反彈
下跌	回檔	回跌

那麼，反彈後會如何呢？除非出現翻多的要件，否則通常會續跌；如果是強一點的走勢，就是以盤代跌，化解空方壓力。至於「回升」，則是過前高續漲，重啟多頭。

另外，同樣是下跌，多頭的下跌叫「回檔」，空頭的續跌叫「回跌」（詳見表4），所以不是上漲就是好，下跌就是不好，還是要看趨勢、位階、型態等綜合研判（詳見圖9、圖10）。

謹慎分析盤勢，投資操作趨吉避凶

前文提到，許多人習慣看新聞來確認盤勢，但實際上，追蹤新聞跟消息永遠來不及，而且對交易沒幫助，也無法

做到事前提醒，包括客觀地陳述技術面的事實和現象，以及它告訴我們的訊息，進而做到事前的預防和協助當下的交易策略擬定。

但因為投資人很愛看這些故事，所以主流的風格就會迎合受眾口味，每天寫故事給各位看，例如：美國聯準會（Fed）降息不降息？哪邊發生地緣戰爭？通膨現在高還是低？經濟是否復甦？公司營收財報如何？

可是這些資訊大多只能用來驗證，對交易而言，無法在第一時間起到關鍵性的作用。因為你看了這麼多資訊，當下還是不知道如何交易，更不用說這些資訊的真偽，以及和指數漲跌的連動性高低，有時甚至是相反的。

我並不是說不需要知道這些資訊，而是這些資訊可以用來交叉比對，但真的跟投資和交易沒有直接關係；而且有時候你追的消息愈多，反而更不知道該買還是該賣？所以像圖 11，這種詳實客觀描述盤勢現況，能辨識風險高低、趨勢多空、資金高低，並擬定明確的操作策略，才是真正有意義的解盤。

圖9 多頭下跌多為回檔，有望續漲
以加權指數日線圖為例

資料時間：2021.05.25 ～ 2021.08.17　　資料來源：XQ 全球贏家

圖10 空頭上漲多為反彈，趨勢轉折才是回升
以加權指數日線圖為例

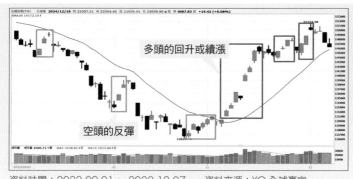

資料時間：2022.09.01 ～ 2022.12.07　　資料來源：XQ 全球贏家

　　然而，即使依照本章的方式嚴謹解盤，會不會還是有看不懂行情的時候？一定會。就好像有時盤整拖太久，會對原先的看法產生動搖，或是當行情看不懂、有些懷疑的時候，我也會去看看主流媒體報導的各種利多、利空消息，試圖從中找到一些答案。

　　但往往看得愈多，反而愈困惑。這時候我就會提醒自己，再回頭仔細檢查看看吧！不妨拿 1 張空白紙，把多方條件和空方條件都記錄下來，然後比對哪一方比較多，這樣就會對未來走勢有較明確的方向。

　　管理學有一種「SWOT 分析」，是應用在企業競爭態勢的分析方法，屬於市場行銷的基礎分析方法之一，透過評價內部的優勢（Strengths）和劣勢（Weaknesses），以及外部競爭的機會（Opportunities）和威脅（Threats），可以清楚辨識其優劣之處，並作為擬定經營策略的參考。我也常常將之應用在指數多空強弱的分析（詳見圖 12）。

　　如果分析過後，你還是無法判斷趨勢的話，這時最好的策略就是等待──多給市場一點時間，趨勢就會走出來了。

圖11 詳實客觀描述盤勢，解盤才有意義
以加權指數日線圖為例

資料時間：2024.05.29～2024.09.06　　資料來源：XQ全球贏家

編號	盤勢概況	風險高低	多空操作	資金比重	整體策略
❶	指數創高，但個股表現未能跟上	低	多方操作	中～高	操作難度漸增，採取漸進式減碼
❷	指數創新高，有高檔背離現象	中	多方操作	中	轉折尚未出現，採預防性減碼
❸	短中期翻空，趨勢改變	高	暫停交易	零～低	轉折現象出現，剩餘持股積極減碼
❹	反彈遇壓，量能偏低，上攻有難度	中～高	暫停交易	零～低	先前來不及減碼，可以把握反彈積極減碼
❺	跌幅滿足，負乖離率過大，收爆量下影線	中	保守做多	零～低	有機會止跌反彈，積極型投資人可以小額參與，保守型投資人持續空手觀望
❻	反彈進入壓力區，攻高不過，低量盤整	中	暫停交易	零	指數橫盤，不論多空操作難度都高
❼	短線轉翻空，續跌訊號	中～高	暫停交易	零	續跌現象，多看少做

註：當然還可以加入其他元素，但避免過多的排列組合，此處僅以單向做多的投資人為模擬和代表

　　曾和朋友有過這樣的對話：某段時間行情不好操作，判斷難度又很高，朋友說：「最近真的好難做，做多、做空都賠！」

　　我的回答是：「但是難做這件事情，不是早就知道了嗎？為什麼不休息一下？」

　　股票投資最大的風險，不是來自於行情不好，而是明明知道行情不好，卻硬要用大部位的資金積極操作，等於是給自己找麻煩。

　　所以股市有時候需要「無為」。什麼是無為？根據教育部《重編國語辭典修訂本》的解釋，指的是「不從事人為干預，而任萬物自然生長之意」。

　　當行情多空都很難做時，法人有其限制性，還是非交易不可；但散戶有彈性，不一定要操作，真的可以休息一下。

　　投資人希望任何時候都能「多賺少賠」，可惜很多時候外在條件注定只能「少賺多賠」，或「少賺少賠」，而想

圖12 辨識台股優劣之處，擬定適當策略
SWOT分析

內部

S（優勢）	**W（劣勢）**
◎台股指數上漲／多頭	◎台股指數下跌／空頭
◎上漲家數較多	◎下跌家數較多
◎漲停家數較多	◎跌停家數較多
◎強勢指標股	◎弱勢指標股
◎成交量能放大	◎成交量能萎縮
◎籌碼集中	◎籌碼分散
◎多頭走勢	◎空頭走勢
◎底部型態	◎頭部型態
◎多頭類股較多	◎空頭類股較多
O（機會）	**T（威脅）**
◎新台幣升值	◎新台幣貶值
◎國際指數多頭	◎國際股市空頭
◎國際商品上漲	◎國際商品下跌

外部

避免「多賠」，就一定要捨棄「少賺」的機會。

趨勢翻空要忍得住，別心存僥倖賭運氣

比如在空頭時的逆勢操作，正常來說就是減少操作，雖

然「少賺」，但可以避免「多賠」。不過有人就是會心存僥倖，99 檔股票都在跌，卻認為自己一定可以找到那檔唯一會漲的股票。當然有時候可以，只是這次僥倖賺到了，那下次呢？再下次呢？再下下次呢？如果總是心存僥倖，又沒控制好資金比重和風險，總有一天會吃大虧。

其實指數修正不是壞事，每一次的修正，都是財富重分配的機會，重要的是在修正前，你已經做好預防性減碼，起跌時能將股票資金降到最低，全身而退並保有現金，等落底轉強之後，才有充沛的資金進場。

倘若一年到頭資金全部重壓，資產只會隨著指數修正而縮水，即使之後指數落底轉強，你也只是等解套，還是不會賺錢。

在指數修正之前，例如高檔背離或弱勢盤整，可以有以下幾種選擇：

1. **小額勇敢地追強勢股**：雖然指數轉弱，還是有極少數逆勢上漲的個股，但必須確定短中長期趨勢都是多頭，而

非只是單日的大漲強勢股。不過操作這種短中長期多頭的
強勢股，隨時有回檔的風險，所以要能夠設定移動式支撐，
而且只有能夠紀律執行的人，才能操作這樣的股票。

2. **小額預先布局相對穩定的股票**：什麼叫做「相對穩定
的股票」？除了在關鍵支撐位置有守，例如 20 日均線或
盤整支撐區，當單日指數大跌，但個股只有小跌，抑或是
單日指數小漲，個股卻能大漲，這就屬於穩中透強的股票。
等到指數止穩回升，這類個股都容易有所表現。

3. **直接空手休息，耐心等待趨勢轉強翻多，屆時再重新
檢視市場上的個股，擇優進場**：這種策略雖然最單純也最
安全，但是當趨勢反轉時，要能精準判斷積極進場點，否
則舉棋不定而延誤了時機，等到真正進場時，指數和股票
已經又漲一大波了。

而當空頭正式來臨時，策略也需要跟著調整，這時有以
下幾種選項：

1. 極端保守者：多空都不做，靜待落底。

2. 保守做空者：可以選擇反向 ETF。

3. 積極者：可以選擇空頭個股或指數做空。

4. 逆勢操作者：選強勢股做多或搶反彈，但資金比重要壓到最低。

至於空頭要怎麼忍住不買？這要分幾個層級來說：第 1 階段是，根本不知道趨勢多空、風險高低，所以亂買，這大概是一般散戶的狀態；第 2 階段是會判斷趨勢和風險，但是不夠相信，所以硬要買；第 3 階段是會判斷趨勢和風險，因為以前吃過虧，所以可以忍住不買；第 4 階段是會判斷趨勢和風險，根本不想買——我已經到了第 4 階段，因此根本沒有「忍」這件事情，而是連買的欲望都沒有。

空頭時，遇到好股票能忍住不買，說穿了，就是因為碰過太多次釘子，碰到怕了、累了；而一般投資人不死心，是因為釘子碰得還不夠多，所以繼續在賭、心存僥倖，認為自己會買到 100 檔中唯一會漲的那檔股票，或者是上次空頭賠得太少，沒記取教訓，所以遺忘了這件事。

當趨勢走空時，會上漲 5% 的個股不是沒有，但是勝率

太低，建議大家不打沒有把握的仗。

指數漲跌 ≠ 個股表現，別妄想靠多頭解套

大家要記住，研究國際指數跟大盤，終極目的是為了擬定策略，包含研判風險高低、決定做多還是做空、資金比重的調節等；但有一些投資人是這樣想的，觀察指數只是期待指數上漲，能拯救自己手中套牢或虧損的個股，但這樣是很危險的思考路徑。

加權指數和櫃買指數，本質上是所有上市櫃股票漲跌表現的集合體。一般情況下，當指數表現好的時候，大多數個股表現也不會太差；但當指數結構出現問題，可能就不見得會如此。

指數是呈現所有個股的總體表現，但個股仍有自己的技術線型跟籌碼變化，因此上市櫃近 2,000 檔股票，有多、有空、有強、有弱，不能一概而論。

倘若你的持股中期翻空，甚至做頭、籌碼弱勢，完全看

不到支撐，這時即使指數反彈、轉強，也救不了你的個股。所以還是要理性並客觀看待手中持股，擬定明確交易策略，不要過度期待指數上漲就可以拯救你的空頭弱勢股。

指數漲，多數個股不漲、少數個股漲，幾乎是近年來台股的常態。以2024年6月之後的觀察，前5大權值股——台積電（2330）、鴻海（2317）、聯發科（2454）、廣達（2382）和中華電（2412），市值占加權指數點數約40%；如果擴大到前10大權值股，將富邦金（2881）、台達電（2308）、國泰金（2882）、中信金（2891）和日月光投控（3711）也納入，市值占比直接擴大至50%。

在這當中，光台積電這一檔股票，市值就占加權指數點數超過3成。因此，只要這10檔權值股表現好，加權指數表現就不會太差，但這不代表台股近2,000檔個股的真實表現。如果只觀察指數漲跌，容易會誤判。

最簡單的切入點，可以用「陰謀論」的思維來判斷：主力作手會趁著指數的強勢表現以及多頭市場的樂觀氛圍，

神不知鬼不覺地出脫手中的中小型股，抑或是外資透過拉抬權值股，進行指數的期現貨套利。而這 2 種情況，都會直接影響選股和操作的難易度，也就是我常常提到的結構問題。

因此，即使指數轉強，個股也不見得會漲回來，因為每個上漲波段都會有新的主流族群，即使指數再創新高，但原先的強勢股轉為高檔起跌、持續弱勢之後，往往再也沒有回到多方架構。

所以分析盤勢時，不僅要關注指數的走勢，更要習慣同步合併觀察類股結構、新台幣走勢、法人籌碼、國際股市等細項表現，才能看到台股全貌；更特別的現象在於，指數上漲時，不一定會帶動所有個股一起上漲，但指數跌的時候，通常會造成多數個股一起下跌。

倘若投資人沒有層層篩選的嚴謹濾網，只是隨機選股，那要選到續漲個股的機率可能低於 10%。在這種時候，其實可以選擇與指數連動性高的權值股，或是與指數連動的 ETF，操作起來會相對輕鬆。

　　不過要提防，如果是在指數高檔的末端，出現頻繁的中小型股出貨現象（可觀察櫃買指數的變化），會導致市場信心不足，指數短中期還是容易走弱；即使外資短期能撐盤，甚至反手做空，但指數一旦出現修正，即使是原先強勢的權值股和 ETF，也還是會被拖累。

實戰演練 以2024年8月6日加權指數為例

我在解盤時，會觀察本章表2提到的技術分析指標，像是K棒、
K線圖、成交量等。由於使用到的技術分析工具數量有10多
種，無法同時呈現在1張圖上，所以我會拆成不同圖來觀察。
以下就來介紹我在解盤時，如何觀察這些技術分析指標。此處
以2024年8月6日的加權指數為例：

STEP 1 觀察K棒、K線圖、成交量、移動平均線、切線／型態

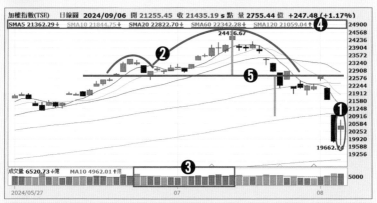

❶ K棒：加權指數從2萬4,416點高檔起跌後16個交易日，出現長下影線

❷ K線圖：2024年6月19日之前為多頭走勢，6月19日～7月19日出現頭部型
態，然後開始起跌

❸ 成交量：原先都是多方的價量關係，6月20日～7月11日出現高檔價量背離

❹ 移動平均線：5日均線、10日均線下彎，短線翻空；20日均線、60日均線下
彎，中期翻空；120日均線、240日均線上揚，長期仍是多方

❺ 切線／型態：2萬2,650點為頭部頸線，頸線跌破後出現續跌，跌幅滿足點為
2萬884點

資料來源：XQ 全球贏家

接續下頁

STEP 2 觀察價量背離、價量累計圖

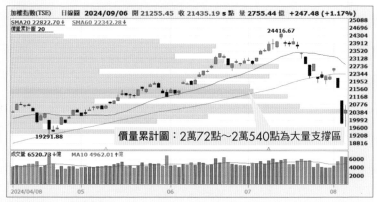

資料來源：XQ 全球贏家

STEP 3 觀察黃金分割率、MACD、KD指標

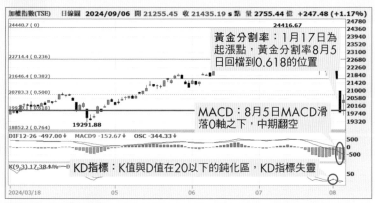

資料來源：XQ 全球贏家

觀察OBV、乖離率、DMI

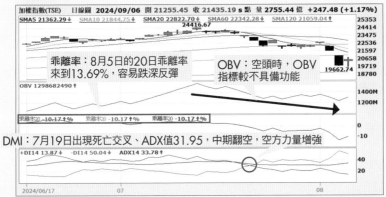

乖離率：8月5日的20日乖離率
來到13.69%，容易跌深反彈

OBV：空頭時，OBV
指標較不具備功能

DMI：7月19日出現死亡交叉、ADX值31.95，中期翻空，空方力量增強

資料來源：XQ 全球贏家

 觀察週KD

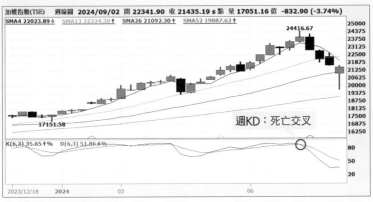

週KD：死亡交叉

資料來源：XQ 全球贏家

接續下頁

觀察月KD

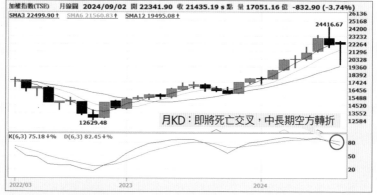

資料來源：XQ 全球贏家

將以上資訊整理為表5，綜合上述分析可以得知：短中期趨勢翻空，但長線多方架構尚未破壞，加上頭部跌幅滿足點以及負乖離率過大，並在低檔區收長下影線，為止跌訊號，雖然格局仍偏空，但隨時有機會醞釀反彈。

研判盤勢的多空強弱之後，接著可以依照個人的投資現況，擬定不同的策略：

1.持股比重高的投資人：2萬4,416點高檔起跌時沒有減碼，一路續抱的投資人，由於中期趨勢仍然偏空，上方反壓也多，應該趁反彈到壓力區時，積極減碼。

2.做空的投資人：起跌時順勢做空的投資人，到1萬9,662點關鍵支撐，應該先將波段空單回補。

3.高檔起跌已經出清持股的投資人：2萬4,416點高檔起跌前

表5 綜合多項指標，有效研判指數趨勢
以2024年8月6日加權指數為例

技術分析工具	解盤內容
K棒	加權指數從2萬4,416點高檔起跌後16個交易日，出現長下影線
K線圖	6月19日之前為多頭走勢，6月19日～7月19日出現頭部型態，然後開始起跌
成交量	原先都是多方的價量關係，6月20日～7月11日出現高檔價量背離
移動平均線	5日均線、10日均線下彎，短線翻空；20日均線、60日均線下彎，中期翻空；120日均線、240日均線上揚，長期仍是多方
切線／型態	2萬2,650點為頭部頸線，頸線跌破後出現續跌，跌幅滿足點為2萬884點
價量累計圖	2萬72點～2萬540點為大量支撐區
黃金分割率	1月17日為起漲點，黃金分割率8月5日回檔到0.618的位置
MACD	8月5日MACD滑落0軸之下，中期翻空
KD指標	K值與D值在20以下的鈍化區，KD指標失靈
OBV	空頭時，OBV指標較不具備功能
乖離率	8月5日的20日乖離率來到13.69%，容易跌深反彈
DMI	7月19日出現死亡交叉、ADX值31.95，中期翻空，空方力量增強
週KD	死亡交叉
月KD	即將死亡交叉，中長期空方轉折

註：實務上，除了觀察技術面，我還會同步觀察籌碼面的表現，像是融資融券、3大法人、主力指標等，可以參考本書第4章的介紹

接續下頁

圖13 大盤在支撐區止跌後,出現一波反彈
以加權指數日線圖為例

資料來源:XQ 全球贏家

有進行預防性減碼,或是起跌當下紀律出清的投資人,如果是積極型投資人,指數修正到1萬9,662點時可以低資金搶反彈;但由於上方反壓仍多,加上中期趨勢不明朗,所以保守型投資人可以繼續觀望。

以上是一個完整且標準化的解盤模式,投資人可以依照這個解盤清單多加練習。而事後回顧也可以看出,支撐區止跌之後,確實出現一波上漲,但屬於價漲量增的反彈結構(詳見圖13)。

礙於篇幅限制,本書列舉的大多為多頭高檔翻空的案例,這也是投資人比較容易忽略的風險;至於趨勢由空翻多的情境,就留給各位自行推演和練習,使用的工具、方法、流程都一樣,只是顛倒使用而已。

Note

Chapter 4

《籌碼分析》

觀察法人、主力動向
輔助解盤抓趨勢

第 3 章提到行情解盤時，主要是以技術面為主，但實際操作飆股時，我會搭配一些籌碼面來輔助判斷，所以這裡我想花一些篇幅，說明一下自己對籌碼的看法與使用方式。

什麼是籌碼？籌碼指的是市場上，某檔股票的資金或持有人分布情況，可以用來反映股票的持有人結構（例如主力與散戶的比率）及其交易意向（例如主力是否在吸籌碼

或出貨）。透過籌碼變化，投資人可以判斷支撐與壓力、追蹤主力動向、辨識風險與機會等。

市面上有許許多多的籌碼分析工具，像是外資買賣超、投信買賣超、自營商買賣超、大戶持股比率、融資餘額、融券餘額等，是一個龐大的宇宙，若真的要講解和教學，單獨寫一本書也不為過。

但籌碼面在我整個投資系統中的重要性，可能只占15%以內，所以我使用的只有融資融券、3大法人、主力指標等幾種特定工具（詳見表1）。

工具1》融資融券

政府規定只有散戶可以使用融資融券，因此一般而言，通常會將融資融券視為散戶的籌碼指標。融資增加，代表散戶站在買方或是散戶做多；融券增加，代表散戶站在賣方或是散戶做空。

工具2》3大法人

法人是指具備法律人格、能以自己的名義進行投資和經

營活動的組織或者是機構,通常擁有較大的資金規模和專業的投資團隊,像是外資、投信和自營商,就被稱為「3大法人」。

工具3》主力指標

主力(又稱「控盤者」)是指手握大量資金與籌碼,具備影響股價波動能力的投資者,可能來自公司內部或外部資金、外資、投信或是其他市場力量。

由於融資融券都是信用交易,屬於短線買賣力道,相對不穩定,故而我在籌碼面方面,主要是以觀察法人和主力的變化為主。

追蹤法人、主力布局,留意4大盲點

一般來說,由於法人和主力的資金規模大,能在市場上形成明顯的買盤或賣壓,對股價的短期與中期走勢會產生顯著影響。

此外,法人和主力通常能比一般投資人更早取得市場資

表1　善用籌碼面輔助，判斷盤勢更精確

作者常用籌碼分析工具

籌碼分析工具	週期	功能
融資融券	短中期	判斷多空力量的強弱
3大法人	短中長期	判斷多空力量的強弱
主力指標	短中長期	判斷多空力量的強弱

訊，如公司財報、產業趨勢和政策變化等，因此投資飆股時，留意法人和主力的籌碼變化尤其重要，藉由追蹤他們的籌碼變化，就能間接獲得他們對未來市場走勢的預期，有機會跟著一起獲利。

　舉個例子來說，2024年7月，金屬機殼大廠可成（2474）陸續出現了法人買進、主力指標累計買進等種種現象，籌碼面表現頗佳，而此時可成的股價也跟著一起上漲，股價從2024年7月19日低點198元，2024年9月9日來到高點243元，短短數月，漲幅達到22.7%（詳見圖1）。

　要留意的是，雖然觀察籌碼面的法人和主力動向來協助

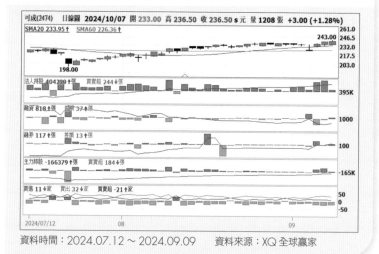

圖1 多方籌碼易搭配股價上漲
以可成（2474）日線圖為例

資料時間：2024.07.12～2024.09.09　資料來源：XQ全球贏家

判斷股價走勢很好用，但這個方法在使用上，還是會有一些盲點：

盲點1》法人其實也是人，仍可能犯錯

雖然與散戶相比，法人的專業度比較高，但要注意的是，法人不是神，在法人背後進行交易的也是人，而只要是人，就有可能會犯錯。

圖2 **中國A股被納入MSCI之後，不斷走跌**
上証參考指數週線圖

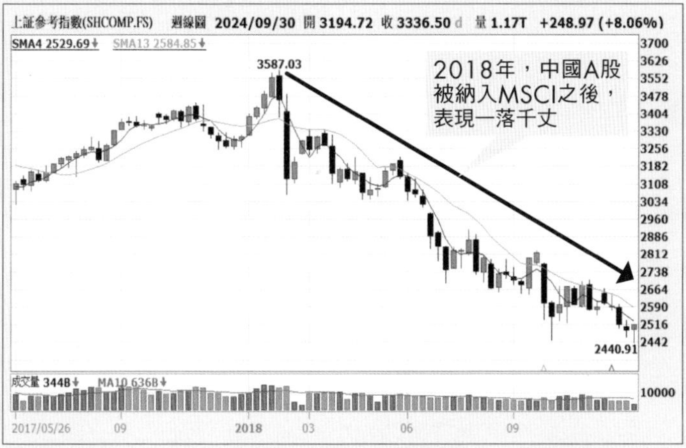

上証參考指數(SHCOMP.FS) 週線圖 2024/09/30 開 3194.72 收 3336.50 d 量 1.17T +248.97 (+8.06%)

SMA4 2529.69↓　SMA13 2584.85↓

3587.03

2018年，中國A股被納入MSCI之後，表現一落千丈

2440.91

成交量 344B↓　MA10 636B↓

2017/05/26　09　2018　03　06　09

資料時間：2017.05.26～2019.01.04　　資料來源：XQ 全球贏家

　舉例來說，2017 年，明晟公司（MSCI）宣布，自 2018 年起，把中國 A 股納入 MSCI 新興市場指數和 MSCI 全世界指數（ACWI）。

　照理來說，MSCI 這類國際機構通常不會看錯趨勢，遺憾的是，中國 A 股被 MSCI 納入後，走勢不但沒有上升，反而一路下跌，甚至在全球股市頻創新高時，中國 A 股卻

屢次探底（詳見圖2）。

　　因此，我們不應過度迷信法人的觀點和評價，認為「法人永遠是對的，散戶永遠會犯錯」，關鍵是要找到與股價走勢正相關的籌碼，順勢操作。

盲點2》法人估算的目標價，未必都值得參考

　　許多散戶認為，法人擁有更專業的分析能力和更豐富的資訊，所以可以把法人估算的目標價作為投資決策的重要參考依據，希望藉此提高投資獲利。但，所有法人估算的目標價都值得參考嗎？不是的，必須視情況而定。

　　針對「法人估算目標價」這件事，通常我會先區分其評估的是大型股和知名度高的股票，或者是中小型股和不知名股票：

　　1. 大型股和知名度高的股票：法人對這類股票目標價估算的有效性較高，但也不是直接就可以參考。通常我會先觀察，這次目標價與之前法人估算相比，價格是調降還是調升？如果法人這次是調降目標價，代表對股票的前景不

看好，這時就必須花更多時間觀察，並考慮是否要繼續操作這檔股票；反之，如果法人是調升目標價，代表更加看好股票前景，值得投入。

在這種情況下，可以將多家法人估算的目標價取平均值，或取中間值再打95折，基本上會比較可靠。

2. 中小型股和不知名股票：對於中小型股和不知名股票，提出目標價的法人通常不多，而且分析和投資流程可能比想像中更簡單，僅僅是整理產業資訊、公司財務數據和財務指標等；而這些資料的真實性、分析的客觀性、市場的接受度，以及外部環境的變化，往往會讓研究報告與實際表現有很大的差距，參考價值比較低。

盲點3》法人出貨，股價有可能續漲

通常情況下，法人賣出股票，股價會下跌，但有時候卻會出現「法人一直賣，但股價還是繼續漲」的情況。為什麼會這樣呢？有3種可能：

1. 股價基期低的時候，聰明的散戶發現潛在機會，進場

布局，或者公司內部人提早知道消息，先用融資進場布局。不過這種情況的股價上漲天數有限，大多是 2 ～ 3 週行情，甚至更短。

2. 股價高位階的時候，法人想要出清持股，但持股部位很多，無法 1 天賣完，因為如果 1 天大賣，那股價就直接跌停了，等於是搬石頭砸自己的腳，所以法人會每天分散賣股，同時放出利多消息吸引散戶進場承接。這時因為有吸引到足夠的買盤，就算法人每天都在賣股，股價還是會上漲。

3. 法人高檔套牢，想幫自己解套，於是放出利多消息吸引散戶幫忙接盤，自己則趁機逢高出手。

從 K 線圖來看，就是高檔急殺之後，出現反彈式的上漲（俗稱「逃命波」），只是這種反彈是短暫的，等法人賣完持股、人走茶涼之後，股價就會下跌（詳見圖 3）。

因此，大家不要一看到法人賣股票，就覺得股價會一路狂跌，必須視實際情況，仔細觀察股價走勢才行。

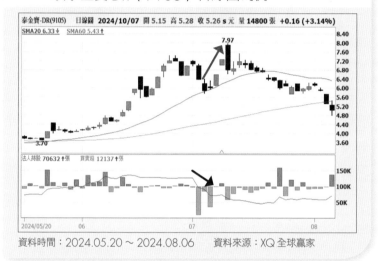

圖3 法人為出清庫存，製造反彈逃命波
以泰金寶-DR（9105）日線圖為例

資料時間：2024.05.20 ～ 2024.08.06　資料來源：XQ 全球贏家

盲點4》別過度迷信籌碼，大單可能只是有錢散戶

分享一個 10 多年前從投資前輩口中聽到的故事（以下用第 1 人稱觀點描寫）：

因緣際會認識了一位比我年長 20 歲、在某餐飲集團工作的長輩，姑且稱他為王哥好了。某次聊天，我跟王哥說，A 股票的技術面和籌碼面都不錯，而且股價剛剛起漲，結

果當天王哥就衝進去買了快 1,000 萬元的部位。

當天收盤後，王哥才跟我說他進場了，還誇獎我：「你講的很準，A 股票真的很猛，今天漲停了！」

我淡淡地跟他說：「大哥，你看錯號碼了，我說的不是那一檔。你買進的那檔 B 股票，平時成交量很低，只有幾十張，它是被你買到漲停。」

王哥有點嚇到，因此決定隔天就要出清 B 股票。結果當晚，我看到很多股票社團跟群組都在聊 B 股票，隔天開盤，B 股票的股價再度開高，又接近漲停，王哥趁機獲利出場。自此之後半年，B 股票的股價沒再動過，算是一場美麗的錯誤。

重點是，王哥賣出 B 股票之後幾天，還有財經媒體持續分析 B 股票之所以漲停，究竟是新型態的主力進場，或是隔日沖券商進場操作？但其實什麼都不是。

分享這個故事，只是想要告訴你，很多主力券商真的都

只是有錢散戶聽消息亂買、亂賣而已，所以不要過度迷信籌碼。

想像自己是主力，但切勿過度分析

從前文敘述可以知道，法人、主力的籌碼變化可以當作參考，但不能盲目相信。那究竟我們該如何正確看待法人、主力的籌碼變化呢？

大家要記得，法人、主力既不是你的朋友，更不是你的敵人，他們只是錢比你多而已；但法人、主力和你一樣，都無法抵擋趨勢的力量，所以才說籌碼面是分析工具，不是交易工具。因此，站在法人、主力的角度思考，能幫助我們更精準地判斷市場動向與股價走勢，理解他們操作背後的動機與策略。

至於要如何正確看待法人、主力的籌碼變化呢？很簡單，只要記住 1 件事情——法人、主力的所有拉抬，最終都是為了出貨，無論他們買進多少股票，最終目的都是獲利。因此，法人、主力最終還是要將股票賣給其他投資人，否則

持有再多籌碼也是無用。

基於這一點，我們可以試著換位思考：如果你是法人或主力，站在大資金的角度，會怎麼操作？你會在低價位買入，還是高價位買入？你會選擇哪些類股或個股，並在什麼時候進場或出場？你會在市場悲觀時出貨，還是市場樂觀時出貨？你會在低成交量時賣出持股，還是等到高成交量時賣出持股？

股市的走勢往往重複相似劇情──某檔股票在法人、主力完成布局後，股價從低點開始慢慢轉強，各種利多消息隨之發布；這時，因為市場的關注度還不夠，跟進的人不多，法人、主力不會馬上出貨，而是會透過媒體持續釋放利多消息，繼續拉抬股價；直到市場情緒到達頂峰、全面看好的時候，法人、主力才會開始逐步出貨。

到了這個階段，通常會出現技術面訊號，例如「利多不漲」、「利多出盡」或「利多起跌」，隨後可能出現高檔爆量的長黑K棒或頭部型態，讓散戶套在高點。而這整個過程，就是市場俗稱的「養套殺」。

從法人、主力「養套殺」的過程中，大家可以發現，有時候表面上看到籌碼集中和利多的好消息，未必真的是好消息，背後可能隱藏著法人、主力的不同操作策略，值得多加留意。

再次提醒大家，操作股票時，不要陷入「籌碼迷思」，並不是籌碼好的股票，股價就一定會上漲。法人和主力並不是單一個體，而是不同的投資者，他們可能有不同的看法和操作方式，有人看多、有人看空，不一定每次都能保持一致。

市場上，經常出現籌碼看似良好但股價下跌，或者是籌碼不佳但股價飆漲的情況。如果籌碼分析和股價趨勢不一致，也無需過度解讀，因為有時候籌碼分析就是無法解釋股價走勢，也找不到明確的答案。在這種情況下，與其繼續無謂的籌碼分析，倒不如回歸技術分析，反而更為直接有效。

Chapter 5

《選股名單》
4步驟篩潛力股
減少時間變因更穩健

　　了解外在盤勢多空強弱、確認進場的資金部位、風險控管完畢之後，接下來就要開始著手挑選個股。

　　挑選個股的方式很多，舉凡基本面、產業面、籌碼面、消息面、題材面和技術面等，都可以是選股工具；但是，除了技術面能夠即時反映飆股的股價情況以外，其他工具容易出現「選股條件都是利多，股價卻不漲反跌」的問題。

　　以基本面或產業面選股來說，首先是時間的落差，有時候選到好的產業，但股價卻隔了 3 個月、半年後才發動，有些股價甚至根本不會動；最慘的是，基本面或產業面跟股價不只不連動，可能還呈現相反的局面，例如基本面或產業面很好的時候，股價反而跌得亂七八糟。

　　為什麼會這樣呢？原因是散戶的人脈和資源是有限的，和法人、公司派、主力訊息的時間差和透明度不同（詳見註 1），因此會有資訊落差。

　　以最基礎的月營收為例，1 月的月營收，散戶常常需要等到 2 月 10 日才會知道，但內部人往往早在 1 月中旬就已經掌握當月業績的好壞，導致大家口中的基本面或產業面，其實都是間接得到的消息。

　　拿 PCB 載板廠南電（8046）來說，2021 年 12 月月

註1：時間差，是指同一個訊息，法人、公司派、主力可能早在 1 個月、3 個月，甚至更早之前就知道了，但散戶要等到公司正式公告或媒體揭露才會知道；而透明度是指，這些公告事項和媒體揭露新聞，可能還存在著真偽難辨的風險。

圖1 **南電基本面表現與股價漲勢不相符**
南電（8046）營收vs.月均價

南電股價在2021年11月就創新高，但營收直到2022年10月才見高點，基本面明顯嚴重落後於技術面

— 每月營收（左軸）
— 月均價（右軸）

單位：億元

單位：元

資料時間：2021.01 ～ 2024.10　　資料來源：財報狗

均價 576.95 元，之後開始修正，但公司營收持續創高，直到 2022 年 10 月才見高點；然而，營收高點的同時，南電股價卻出現崩跌，基本面明顯嚴重落後於技術面（詳見圖 1）。

同理，相反的情況也可能出現。以 LED 大廠惠特（6706）為例，2024 年 1 ～ 8 月的營收不只是差，應該是慘到底，

圖2 惠特基本面慘澹，股價卻大幅上揚
惠特（6706）營收vs.月均價

資料時間：2021.01～2024.10　　資料來源：財報狗

結果月均價從 2024 年 1 月的 66.28 元，來到 2024 年 8 月的 120.11 元，如果要從基本面分析，真的不知道該從何解釋起（詳見圖 2）。

尤其是惠特股價剛起漲時，沒什麼新聞關注，等股價漲了一大波之後，才開始有一堆新聞幫它的漲跌找理由，例如：惠特 2024 年第 4 季承接先進封裝（CoWoS）代工

業務，預計 10 月開始挹注營收等，顯見基本面和股價脫節嚴重。

除了上述情況，有時還會發生，基本面和股價不僅不連動，竟還出現更凌亂的情況。好比 2023 年和 2024 年，媒體幾乎一面倒地説緯創（3231）是人工智慧（AI）概念股，基本面和產業趨勢很好；事後回頭去看，股價漲完，卻也跌完了，事實上公司營收都沒增加。這不只基本面跟股價沒有連動，甚至連所謂的利多都可能是虛構的，這種案例不勝枚舉。

根據我的經驗來看，基本面不過是股價漲跌的 1/8、甚至 1/20 的因子，但很多人把它當成全部；而「過去績效不代表未來績效」，這句話不只是警語，而且是事實。所以，不要把自己的能力圈幻想得太大，法人能做的事情跟方法，不代表你也能做。

遵循4步驟，篩出勝率高的個股

前文提到，利用基本面或產業面選股，可能會出現「選

股條件都是利多,股價卻不漲反跌」的問題,但我後來驚喜發現,改從技術面選股,不僅可以解決這個問題,還能化繁為簡,改善時間效率。因為技術面不只是選股工具,本身也可以是交易工具,所以當選股的預期走勢不連動,技術面就有立即因應的方式。

在尋找飆股的過程中,技術面能夠幫助我們辨識出市場上已經形成強勢趨勢的股票,並快速鎖定潛力股,這些個股可能正處於即將爆發的階段。

基於上述原因,近幾年我在選股工具的使用上也做了一些調整,基本面、產業面、籌碼面、消息面、題材面仍然是選股資訊的參考,但有 80% 的個股來源,都集中在直接從技術面尋找。透過技術面,我能更迅速地辨識出那些已經具備強勢上漲潛力的飆股,這些個股往往會有某些技術訊號,比如股價突破重要壓力,或形成特定的技術型態等,顯示之後有可能會開始大幅上漲。

股價不會說謊,由股價形成的技術指標跟技術型態當然也不會說謊。技術分析是股票的語言,只是你必須聽得懂

它正在跟你説什麼。以下我就來告訴大家,如何利用技術面進行選股,大致可分為 4 個步驟:

步驟1》3面向打造股票池

台股上市櫃股票加起來總共近 2,000 檔,數量龐大,為了提高挑選飆股的效率並縮小範圍,我會先從 3 個面向來尋找符合技術面的個股:

1.強勢股:強勢股是指「漲幅前 100 名,且前一天成交量大於 500 張的個股」,其背後通常有具吸引力的題材或基本面支撐,符合市場的熱門趨勢,是市場資金集中流入的標的。

2.成交量放大股:成交量放大股是指「今天成交量／昨天成交量前 100 名,且成交量大於 1,000 張的個股」,代表市場關注度提高,買賣雙方交易頻繁,往往伴隨股價波動,可能帶來較大的獲利空間。

3.低基期起漲類股、多方結構續漲類股:讀者可依照第 3 章分析加權指數的流程,挑選出未來漲勢可期的低基期

起漲類股，或是多方結構續漲類股。這2種類型的股票都具有明顯的成長性或趨勢性，容易吸引市場資金關注，當市場資金湧入，加上潛在的利多消息刺激，就可能引發股價快速上漲，形成飆股。

上述3個面向，可以有效縮小選股範圍（詳見註2），將觀察股從近2,000檔縮小到150～200檔，如此一來，投資人可以更精準地鎖定那些具備爆發潛力的飆股，避免在茫茫股海中迷失。

但此一步驟仍屬於「海選」，得到的個股數量仍然相當龐大，因此還需要培養快速且大量過濾股票的能力。所以接下來要進入下一個步驟，也就是「10秒鐘個股快篩法」。

步驟2》10秒鐘個股快篩法，迅速找好股

「10秒鐘個股快篩法」是以技術面分析為主，搭配一點

註2：強勢股和成交量放大股，可在當日收盤後，在免費看盤軟體XQ全球贏家（個人版）「特別報價」功能中的「強勢股」和「量放大股」加以觀察。

點籌碼面來輔助判斷，從 K 棒、趨勢、型態、位階、價量關係、均線、KD、MACD、法人、買賣家數等幾個工具綜合分析（詳見表 1），這樣一來，很快就可以挑選出底形起漲或強勢續漲、有望成為飆股的個股，也就是《專買黑馬股，出手就賺 30%》以及《專買黑馬股 2：從魚頭吃到魚尾的飆股操作法》書中所提到的 2 種類型。

如果「10 秒鐘個股快篩法」過濾出的個股，同時又具備同族群性，這樣後續股價上漲的機率則會更高。比如說，你用「10 秒鐘個股快篩法」過濾出的個股，有一半以上都是 AI 概念股，那代表 AI 概念股即將起飛，後續這些個股的上漲機率會很高。

不過因為「10 秒鐘個股快篩法」屬於寬鬆的條件，因此投資人應盡可能尋找完全符合條件的個股。到了這個步驟，通常觀察個股數量已經可以有效縮小到 50 檔以內，但數量還是有一點多，這時可以把這些個股彙整到看盤軟體的「自選股」中，再進行下一步驟的過濾。

步驟3》將個股列入自選股，深入分析

表1 善用10種工具，快速篩出起漲個股
10秒鐘個股快篩法

分析工具	功能
K棒	判斷是否為多頭結構？
趨勢	判斷是否為多頭趨勢？
型態	判斷是否為盤整突破或多頭型態？
位階	判斷是否為低位階？
價量關係	判斷是否為多方價量關係？
均線	判斷是否為多方趨勢？
KD	判斷是否為多方現象？
MACD	判斷是否為多方現象？
法人	判斷籌碼是否偏多？
買賣家數	判斷籌碼是否集中？

　　自選股的分類方式因人而異，我自己的習慣，是將自選股分成6大類，除了將「10秒鐘個股快篩法」過濾出的個股收納進「自選股5」以外，也會觀察國際股市和商品行情等資訊。

　　自選股1：主要是國際指數、期貨和貨幣，透過這樣子觀察，可以快速掌握國際股市的多空強弱以及新台幣升貶，

研判外在條件對於操作的優缺點。

　　自選股 2：主要是原物料商品和短中長期公債，因為我使用的是券商提供的免費版本，所以沒辦法看到國際原物料商品，但是台股目前發行的 ETF 超過 200 檔，當中就有石油、黃豆、黃金、白銀和短中長期公債等相關 ETF，可以作為輔助和搭配。

　　自選股 3：主要是常見的正向或 2 倍 ETF，當指數上漲集中在權值股，這個時候可以適時轉換到 ETF 操作，或是當台股走空，但其他國家指數仍偏多時，不需要使用複委託或前往他國開戶，也可以參與其他國家股市的上漲獲利。

　　自選股 4：主要是常見的反向 ETF。當國家指數走空、趨勢翻空時，反向 ETF 則會上漲，適度操作也能讓資金更有效率，可作為獲利的來源之一。但我個人是不做空的。

　　自選股 5：主要是海選的個股，就是透過「10 秒鐘個股快篩法」初步過濾出來的個股，作為最後一個步驟的選股觀察。

　　自選股6：主要是具備買進條件的觀察股，從「自選股5」中再嚴謹地依據選股表格檢視（詳見表2），並且給予評等，符合條件的個股才能歸類到「自選股6」；通常不會超過10檔，日後如果要買進股票，直接從這些個股中挑選即可。

步驟4》對個股打分數，決定是否買進

　　與指數解盤稍有不同的地方是，選股時，除了將多項條件深入分析之外，還需要針對以下7點做觀察，再來決定該檔個股是不是值得買進。而如何透過這7點來找飆股，正是每位投資人成功的關鍵。

　　1.趨勢：判斷目前個股趨勢是多頭、空頭或是盤整？以多頭為優先，大箱型整理亦可。

　　2.位階：判斷目前個股價格是處於低位階、中位階或是高位階？可以用交易週期確認區間，位階愈低愈好。

　　3.型態：判斷目前個股線圖是位於底部、腰部（連續型）或是頭部？以底部起漲為優先，多頭連續型次之。

4. 壓力區間：股價向上漲時，盡量不要有盤整區或大量區的壓力。

5. 籌碼：確認融資融券、3 大法人、主力指標、買賣家數的情況，籌碼愈集中愈好。

6. 目標價／漲幅區間：有合理目標價最好，若無法算出合理目標價（詳見註 3），就改為確認個股的潛在漲幅區間是否有 15%。

潛在漲幅區間 15% 是尋找飆股的最低標準，如果投資人希望勝率高一點，也可以改為確認個股潛在漲幅區間是否有 30%。

7. 轉折點：確認技術面是否有發動訊號，或是離發動訊號不遠。

註3：技術面估算法，有底型、旗型、黃金分割，但不是每一檔股票在任何型態都能估算，所以要挑能夠估算的個股，比較有利操作和依循。

表2 **買進個股前，須嚴謹檢視技術面和籌碼面**
選股工具的週期和功能

分析工具	週期	功能
K棒	短期	判斷趨勢、強弱、支撐壓力、單一或多根K棒轉折
K線圖	中長期	判斷趨勢、強弱、支撐壓力、轉折、位階高低
成交量	短中期	判斷趨勢（價量關係）、強弱
價量累計圖	中長期	判斷大量區間支撐壓力
切線／型態	中長期	判斷多空趨勢、中期支撐壓力、目標價估算
移動平均線	短中長期	判斷趨勢、強弱、支撐壓力、轉折
MACD	中期	判斷高檔和低檔背離現象
KD指標	短期	判斷高檔和低檔背離現象、超買、超賣
黃金分割率	中長期	目標價估算
OBV	短中期	判斷高檔背離現象、過高的領先指標
乖離率	短線	判斷超買、超賣
DMI	中長期	判斷趨勢、強弱、轉折、位階高低
週K、月K	中長期	判斷多空趨勢和轉折
融資融券	短中期	判斷多空力量的強弱
3大法人	短中長期	判斷多空力量的強弱
主力指標	短中長期	判斷多空力量的強弱
買賣家數	短中長期	判斷多空力量的強弱

註：第3章提到，技術分析工具使用在指數上就是解盤工具，使用在個股上就變成選股工具，所以會解盤就等於會選股；而選股使用的工具，除了第4章提到的籌碼面，此處新增「買賣家數」，其餘和解盤使用的工具一樣，可以直接套用解盤表格來練習

將上述內容整理成表格，會如表 3 所示。投資人在用這張觀察股評分表時，個股的總分必須達到 8 分以上，才能列入交易的參考——千萬不要為了交易而交易，找不到符合條件的個股，寧可休息，也不要勉強交易。

講解完詳細步驟之後，以下我帶大家用實例操作 1 遍。

步驟 1》3 面向打造股票池：2024 年 3 月，我發現「成交量放大股」和「低基期起漲類股」中，同時出現國泰金（2882）這一檔個股，因此我決定進一步來研究，看看國泰金是否值得投資。

步驟 2》10 秒鐘個股快篩法，迅速找好股：決定研究國泰金以後，下一步，就是透過「10 秒鐘個股快篩法」，看看國泰金是否符合條件。

1.K 棒：近 4 日的 K 棒呈現多頭結構，3 月 11 日跳空上漲，1 根紅 K 棒中長多方表態➡符合條件。

2. 趨勢：由中期盤整轉為短線多方結構➡符合條件。

表3 觀察股評分達8分以上，才值得交易

觀察股評分表

觀察項目	內容	權重
趨勢	判斷目前個股趨勢是多頭、空頭或是盤整？以多頭為優先，大箱型整理亦可	1
位階	判斷目前個股價格是處於低位階、中位階或是高位階？可以用交易週期確認區間，位階愈低愈好	1
型態	判斷目前個股線圖是位於底部、腰部（連續型）或是頭部？以底部起漲為優先，多頭連續型次之	2
壓力區間	股價向上漲時，盡量不要有盤整區或大量區的壓力	1
籌碼	確認融資融券、3大法人、主力指標、買賣家數的情況，籌碼愈集中愈好	1
目標價／漲幅區間	有合理目標價，或是潛在漲幅區間是否有15%	2
轉折點	確認技術面是否有發動訊號，或是離發動訊號不遠	2
總分		10

3.型態：2個多月盤整區間，有效突破表態➡符合條件。

4.位階：脫離盤整區，起漲不久，位階相對較低➡符合條件。

5. 價量關係：盤整期間價平量縮，突破起漲時價漲量增，屬多方的價量關係➡符合條件。

6. 均線：5 日均線、10 日均線上揚，短線翻多；20 日均線、60 日均線上揚，中期翻多➡符合條件。

7. KD 指標：在 50 以上黃金交叉，多方續漲現象➡符合條件。

8. MACD：指標的雙線在 2 月下旬翻至 0 軸以上，代表中期翻多➡符合條件。

9. 法人：近 5 個交易日開始出現連續性買超，籌碼偏多➡符合條件。

10. 買賣家數：近 5 個交易日的綠色柱狀體（買賣家數減少）遠多於紅色柱狀體（買賣家數增加），籌碼集中➡符合條件。

從上述分析可知，2024 年 3 月，國泰金完全符合「10

圖3 國泰金技術面和籌碼面均符合快篩條件

以國泰金（2882）日線圖為例

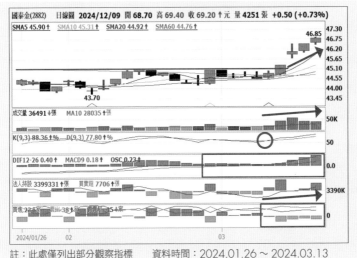

註：此處僅列出部分觀察指標　　資料時間：2024.01.26～2024.03.13
資料來源：XQ全球贏家

秒鐘個股快篩法」的條件（詳見圖3），因此可以列入自選股，再做進一步觀察。

　步驟3》將個股列入自選股，深入分析：將國泰金列入自選股之後，可以再針對K棒、K線圖、成交量、價量累計圖、切線／型態、移動平均線、MACD、KD指標、黃

金分割率、OBV、乖離率、DMI、週 K、月 K、融資融券、
3 大法人、主力指標、買賣家數等做進一步觀察。

由於要觀察的指標眾多，且各指標無法濃縮在 1 張圖，
為了不影響閱讀節奏，我將觀察的方式放在本章最後面。
但就結論來看，國泰金在技術面和籌碼面，都滿足我們對
於選股的要求。

步驟 4》對個股打分數，決定是否買進：確認國泰金的
技術面和籌碼面都符合要求之後，接著，還必須針對國泰
金的趨勢、位階、型態、壓力區間、籌碼、目標價／漲幅
區間、轉折點進行評分，只有總分在 8 分以上，才值得我
們投資。

從表 4 可以看出，國泰金除了轉折點的表現差了一點，
其他皆符合要求，總分為 9 分，值得投資。

提前完成觀察股名單，操作更有餘裕

依據前述方法，從「強勢股」、「成交量放大股」、「低

基期起漲類股、多方結構續漲類股」開始海選，接著透過
「10秒鐘個股快篩法」，將觀察股過濾到50檔以內，再
用「觀察股評分表」逐一檢視，最後給予分數和評等，其
實是相當嚴謹的過程。

對於老手而言，這個過程可以非常快速，只需要約30
秒，甚至達到反射的狀態；但對於新手而言，研究1檔個
股可能就要30分鐘。

所以在練習初期，要把握1個原則：選股一定是盤前，
甚至前一天晚上就要做好功課，完整檢視各個技術面和籌
碼面指標，盤中再觀察是否有出現買進訊號。

記得，切勿在盤中隨機靠感覺選股，這樣不僅時間不夠、
來不及反應，嚴謹度肯定也會大打折扣。何況有時盤中光
盯緊交易訊號就已經來不及，更不用說還要在盤中選股票，
難度跟風險都會大幅提高。

另外，每次要交易時，倘若你可以買股票的檔數餘額是
5檔，那觀察股可以事先挑到15檔左右，盤中從這15檔

表4 **國泰金共得9分，研判值得投資**──國泰金（2882）

觀察項目	內容	權重
趨勢	判斷目前個股趨勢是多頭、空頭或是盤整？以多頭為優先，大箱型整理亦可	1
位階	判斷目前個股價格是處於低位階、中位階或是高位階？可以用交易週期確認區間，位階愈低愈好	1
型態	判斷目前個股線圖是位於底部、腰部（連續型）或是頭部？以底部起漲為優先，多頭連續型次之	2
壓力區間	股價向上漲時，盡量不要有盤整區或大量區的壓力	1
籌碼	確認融資融券、3大法人、主力指標、買賣家數的情況，籌碼愈集中愈好	1
目標價／漲幅區間	有合理目標價，或是潛在漲幅區間是否有15%	2
轉折點	確認技術面是否有發動訊號，或是離發動訊號不遠	2
總分		**10**

中尋找技術面有發動現象的個股；如果你的餘額只剩下1～2檔，那觀察股數量就要精簡到5～7檔左右，然後複製一樣的動作，盤中從這5～7檔中尋找技術面有發動現象的個股。

2024年3月觀察股評分表

得分	備註
1	
1	
2	
1	
1	
2	
1	突破訊號尚未出現，如果2023年8月1日的前高47.25元被突破，長期打底的頸線突破訊號正式出現，才能增加到2分
9	

換言之，觀察股跟想要買進的檔數，要有合理的對稱性。假如你能買的個股檔數餘額只有 1 ～ 2 檔，但列入你的觀察股數量卻高達 50 檔，甚至更多，那表示篩選還不夠嚴謹，必須重新用選股濾網篩選一次，讓觀察股更精簡，也

讓準確度和勝率更高。

釋疑5常見問題，減少套牢風險

知道如何用技術面選股之後，接著，我來幫大家解答5個常見的選股疑問：

疑問1》已經做頭的個股可以追嗎？

選股的時候，確定做頭或是走空的個股一定要避開，盡量挑選底形突破或是續漲的強勢股。原因很簡單，已經做頭的個股，上方套牢量太大，要突圍很不容易。

舉例來說，假設某檔股票有超過110個交易日的投資人被套牢，如果我們把1個交易日當成1個人，110個交易日就等於110個人，而在壓力區之下只有1個人；面對上方重重反壓，如果多方要往上突破，等於1個人要挑戰110個人，有勝算嗎？想當然耳，肯定是難上加難。

趨勢不容易形成，可是一旦形成就不容易改變。當個股做頭之後，至少要花一些時間構築底部，才有機會往上挑

圖4 高檔做頭時進場，當心是接刀子
以中鋼（2002）日線圖為例

資料時間：2022.12.07～2023.12.06　　資料來源：XQ全球贏家

戰。所以當趨勢已經由短期空頭轉為中期空頭時，個股技術面離場訊號出現，該離場就要離場，就算不離場，也不要急著攤平或是搶短，逢低亂買的風險係數很高。

當個股價格的位階很低的時候，進場才叫低接；當個股價格的位階高高在上，這時進場，那是在「接刀子」（詳見圖4）。

疑問2》成交量太低的個股可以買嗎？

常常有投資人問我：「某檔股票成交量很低，可以買嗎？會不會賣不出去？」這時我會反問他，是要買 50 張，還是 100 張？結果對方說「只要買 3 張」。

成交量低的個股，確實會有流動性風險，但如果你不是主力大戶，動輒要買上百張，甚至上千張，基本上不用太擔心這個問題。所以一般來說，我買股票不會刻意在意成交量大小，而且盤整通常無量，等到股價上漲，成交量自然就會放大。

你要擔心的其實是另一個風險——成交量低的個股，通常股本小、知名度低、在外流通籌碼少，因此被有心的特定人士操控機率很高，所以會導致股性活潑，容易出現異常漲跌，例如頻繁出現長紅、長黑、長上影線、長下影線、跳空缺口，或是異常急漲急跌（詳見圖 5）。如果出現這些情況，不但操作難度高，風險係數也隨之增加，我反而會避開。

當然，如果你還是很在意成交量太低的風險，那就挑 10

圖5 成交量小，股價易有異常波動

以燊茂（4729）日線圖為例

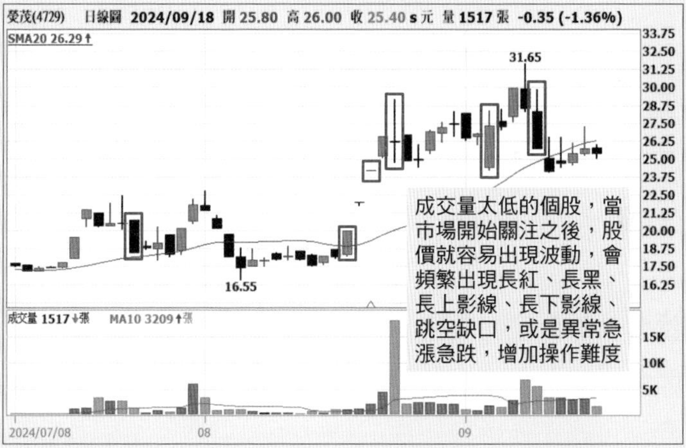

成交量太低的個股，當市場開始關注之後，股價就容易出現波動，會頻繁出現長紅、長黑、長上影線、長下影線、跳空缺口，或是異常急漲急跌，增加操作難度

資料時間：2024.07.08～2024.09.18　資料來源：XQ全球贏家

日均量有 1,000 張以上的個股，基本上就不太容易有上述問題。

疑問3》強勢股可以追嗎？

散戶通常喜歡追強勢股，當然以順勢交易來說，買漲不買跌，追強勢股是對的。只是要建議大家，在追強勢股時，必須具備一些條件，這樣才不會有風險。

1. **進場前要設定移動式支撐**：追強勢股，最基本的能力就是進場前要設定移動式支撐，否則買進後沒有離場依據和策略，容易被套在高點。

2. **持股檔數不能超過 5 檔**：會追強勢股的投資人，都有一種「怕錯過」的心理，正因為擔心錯過，所以才會每一檔強勢股都想買、每一檔都想追。

然而，台股有近 2,000 檔股票，只要你願意，開盤日天天都有機會買股票，所以不要怕錯過，錯過再挑另外一檔股票就可以了。但要記住的是，持股檔數千萬不能超過 5 檔，否則無法顧及盤中的股價變化。

3. **進場前要估算目標價／潛在漲幅區間有 15%**：進場前要估算目標價，如果沒有目標價，則要確認潛在漲幅區間是否有 15%。至於設定 15% 的理由是什麼？我和大家說明一下。

過去有一位投資人問我：「買股票之後，是不是有賺就要跑？獲利 3% ～ 5% 就要趕快賣？」我跟他說：「除非

操作是當沖、隔日沖或衍生性金融商品，否則做現股交易的投資人，如果對漲幅的把握只有 3% ～ 5%，那根本就不能買。」

為什麼我會這樣說呢？因為以潛在漲幅區間 15% 來看，假設個股的股價從 100 元起漲，最後漲到 115 元，依照技術面訊號操作，絕對不可能剛好買在起漲點 100 元，最好的情況是，股價到了 102 元或 103 元才會出現發動訊號；而股價最高漲到 115 元，也不可能剛好賣在 115 元，至少必須等股價拉回到 112 元或 113 元，才會出現最短線的技術面賣訊。這樣掐頭去尾、一買一賣，利潤大概只剩 10%。

潛在漲幅區間 15% 的股票，根據技術面訊號操作，最後你的利潤只有 10%；那麼，如果你挑選的股票，潛在漲幅區間只有 3% ～ 5%，依照前述邏輯來看，最後的利潤可能連 1% 都不到。

運氣好，碰到漲的股票，可以多賺一點，但如果運氣不好，不小心一漲一跌沒抓準，就做白工，甚至是賠錢了。

　　進出股市要承擔很多風險，但若利潤很低，只有 3% ～ 5%，很容易變成「風險大於利潤」，這時候你就不是在投資，而是在賭博──要想辦法讓「利潤大於風險」，才叫做投資。

　　上述 3 個條件非常重要，大家在追強勢股時，務必要同時考慮進去。

疑問4》有選股勝率100%的系統嗎？

　　其實身邊還是會遇到一些投資人，執著想要找到一種選股系統，不但能找到股價狂飆的個股，而且勝率有 100%。很遺憾，我必須說，除非你運氣好，這一生只買 1 檔股票，且一買就買到股價大漲的股票，否則選股勝率 100% 這件事情是不存在的。如果真的有人能做到，那保證會得諾貝爾獎。

　　「終其一生只投資 1 次，而且選對股，然後賺到錢」的情況，選股勝率當然是 100%，但問題是，這個方法在未來 30 年，能夠再複製幾次？0 次？10 次？還是 100 次？倘若無法再複製，這個方法就沒有意義，因為無法判斷你

最後能夠賺到錢，究竟是運氣好，還是因為你真的是神級操盤手。

　　既然選股勝率 100% 無法達到，就只能退而求其次。一般來說，老手能做到選股勝率 75%，已經相當不錯；如果選股勝率能有 85%，可說是進入高手之列。既然看走眼是必然會發生的事情，這時心態就變得非常重要。

　　你只要想，就連股神華倫‧巴菲特（Warren Buffett）、金融巨鱷喬治‧索羅斯（George Soros）和德國股神安德烈‧科斯托蘭尼（André Kostolany）這些神級投資人都有看錯股票的時候，更何況是自己這種資訊和資金都較少的奈米級散戶。如果你能夠這樣想的話，應該可以比較平常心看待錯誤，而不是糾結在「為什麼自己看錯了」這件事上（詳見圖6）。

　　投資人必須尊重股票的表現，唯一能做的就是順勢操作，紀律執行該做的交易行為；如果真的不小心看錯股票，那就讓它錯吧！重要的是，懂得從中記取教訓、趕快整理好自己的心情，再去尋找下一檔值得投資的好股票。

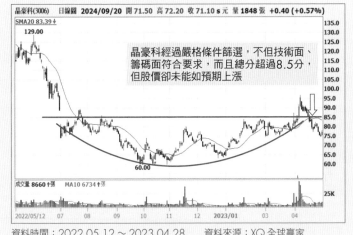

圖6 **精選個股的走勢,仍可能不如預期**
以晶豪科(3006)日線圖為例

晶豪科經過嚴格條件篩選,不但技術面、籌碼面符合要求,而且總分超過8.5分,但股價卻未能如預期上漲

資料時間:2022.05.12～2023.04.28　　資料來源:XQ全球贏家

疑問5》多少價位的股票可以買?

投資人最常問的問題是:「多少價位的股票可以買?」例如900元以下的台積電(2330)可以買嗎?80元的台塑(1301)可以買嗎(詳見圖7)?

在技術面的投資邏輯中,根本沒有設定某檔股票多少價位可以買進或賣出。買股票的原因,從來不是因為股價昂

圖7 以為便宜價買進，股價卻持續下探

以台塑（1301）週線圖為例

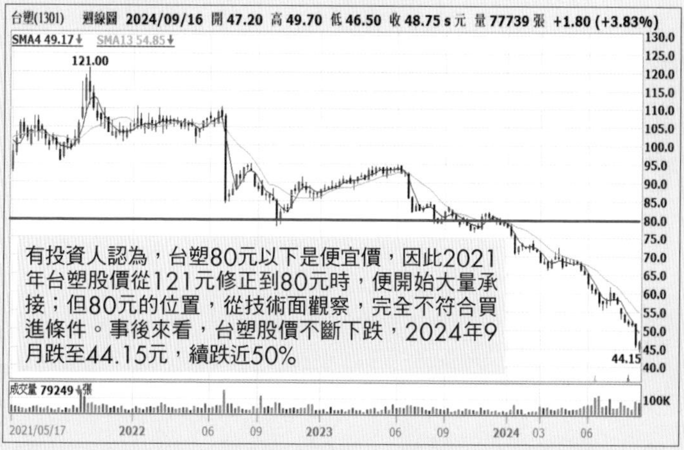
台塑(1301) 週線圖 2024/09/16 開 47.20 高 49.70 低 46.50 收 48.75 s元 量 77739 張 +1.80 (+3.83%)
SMA4 49.17
SMA13 54.85
121.00
44.15
有投資人認為，台塑80元以下是便宜價，因此2021年台塑股價從121元修正到80元時，便開始大量承接；但80元的位置，從技術面觀察，完全不符合買進條件。事後來看，台塑股價不斷下跌，2024年9月跌至44.15元，續跌近50%
成交量 79249 張
100K
2021/05/17
2022
2023
2024

資料時間：2021.05.17～2024.09.09　　資料來源：XQ 全球贏家

貴或便宜，永遠都是因為看到發動訊號──我知道某檔股票未來股價會漲，所以才買進；賣股票的原因，也從來不是因為賺錢或賠錢，永遠都是因為看到起跌訊號──我知道某檔股票未來股價會跌，所以才賣出。

技術面操作，就是從支撐和壓力找到股票的轉折，再從眾多轉折中找出最有效的轉折，而最有效的轉折，就是「買

賣點」。

　轉折點和買賣點不是一個價位，而是一個技術面訊號或條件。只要有買訊，哪怕是宏達電（2498）也敢買；只要沒有買訊，就算是台積電也買不下手。會去設定多少價位的股票可以買或可以賣，通常是因為不會看轉折，只是在猜測低點。

　選股固然很重要，但完整的交易系統更加重要。沒想清楚加碼、減碼、停利策略、停損策略，沒做好完整的配套和準備，那就是瞎買和賭運氣。所以下一個章節，就要進入如何交易的教學，也就是一般人說的「買賣」。

實戰演練　以觀察國泰金技術面和籌碼面為例

前文提到，將國泰金列入自選股之後，可以再針對K棒、K線圖
等不同指標做進一步觀察。以下就來教大家這些指標應該如何
觀察：

STEP 1　K棒、K線圖、成交量、均線、價量關係

❶ **K棒**：突破壓力區後，股價連4天上漲

❷ **K線圖**：突破2個半月的盤整區間

❸ **成交量**：2024年1月中旬前價跌量增，為空方價量關係；之後盤整量縮，
　3月初開始突破壓力區，成交量放大，價漲量增

❹ **均線**：5日、10日、20日、60日均線上揚，並呈現多頭排列

資料來源：XQ 全球贏家

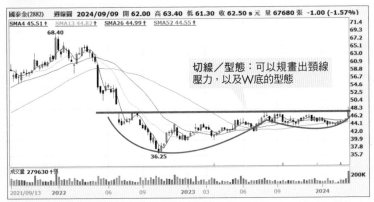

STEP 2 切線／型態

切線／型態：可以規畫出頸線壓力，以及W底的型態

資料來源：XQ全球贏家

STEP 3 價量累計圖

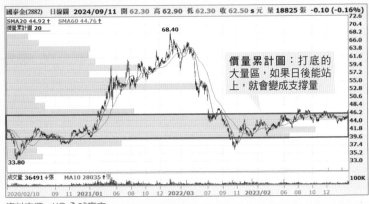

價量累計圖：打底的大量區，如果日後能站上，就會變成支撐量

資料來源：XQ全球贏家

STEP 4 MACD、KD指標

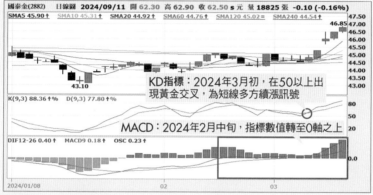

KD指標：2024年3月初，在50以上出現黃金交叉，為短線多方續漲訊號

MACD：2024年2月中旬，指標數值轉至0軸之上

資料來源：XQ 全球贏家

STEP 5 黃金分割率、週KD

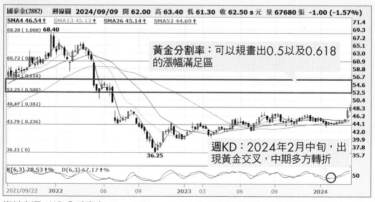

黃金分割率：可以規畫出0.5以及0.618的漲幅滿足區

週KD：2024年2月中旬，出現黃金交叉，中期多方轉折

資料來源：XQ 全球贏家

STEP 6 OBV、乖離率、DMI

乖離率：以國泰金的歷史乖離率來看，8%才會過熱，4.19%為正常值

DMI：＋DI在上為中期多方，ADX值在20代表基期還很低

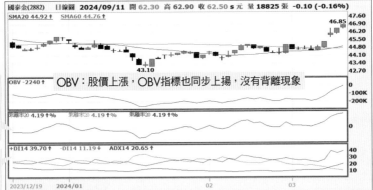

資料來源：XQ 全球贏家

STEP 7 月KD

資料來源：XQ 全球贏家

STEP 8 融資融券、3大法人、主力指標、買賣家數

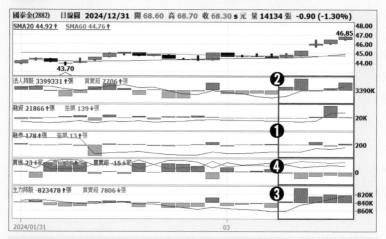

❶ 融資融券：融資增幅不大，融券有買有賣，散戶著墨不多
❷ 3大法人：近5個交易日法人累計買進，籌碼集中
❸ 主力指標：買超，籌碼轉強
❹ 買賣家數：綠色柱狀較多，籌碼集中

資料來源：XQ 全球贏家

總結來看可以知道，2024年3月，國泰金無論是技術面或是籌碼面，皆符合要求。

Chapter 6

《綜合交易》

盯盤高效率
掌握轉折點是獲利關鍵

　　根據我多年股票投資的經驗，選到好股，其實只占成功投資的 30%，剩下 70% 成敗的關鍵是在「交易」；即便選到飆股，若進場時機、風險控管和交易策略不當，最終仍可能導致虧損。也因此，以下就來教大家如何聰明進場交易（詳見註 1）。

　　什麼叫做交易？不是打開下單軟體或是打給營業員、選

擇買跟賣，就是交易，而是你清楚知道為什麼買在這個點
位，或者是為什麼賣在這個點位，你憑藉的理由、條件或
工具都非常明確，而且有確切的布局張數、資金比重、完
整的策略（包含試單、加碼、買足、減碼、停利、停損等），
這才叫做交易。

　一般來説，投資人必須有完整的選股系統、正確的買進
和賣出行為，最後才會完成獲利的交易。但實務上可能不
是如此，不同的投資人，在操作上會有許多種排列組合（詳
見表1）。

　交易必須理性、客觀地面對事實。擬定好明確的交易策
略之後，還必須依照原先的規畫紀律操作才行。最好是你
的看法跟你的操作同步，比如積極看多，那就應該做多；
如果看空行情，應該要暫時停止做多或積極做空；如果行

註1：關於交易系統的基本功，像是目標滿足法、支撐跌破法，
　　　我在《專買黑馬股，出手就賺30%》、《專買黑馬股2：
　　　從魚頭吃到魚尾的飆股操作法》中已經有完整論述，這裡
　　　將著重在交易的實戰應用，以及可能會遇到的一些變化情
　　　境和技巧做深入討論。

情看不清楚,就應該要減低持股,甚至保持空手,這樣才是正確的投資系統。

對盤勢反應速度愈快,投資績效愈佳

至於看法怎麼來?最重要的動作,就是在盤中好好「盯盤」,特別是對於飆股來說,盯盤不僅是看價格走勢,更要注意短期內可能的劇烈波動,掌握最佳買賣時機。盯盤的重點主要有 2 個:

1. 事先選好股票,等開盤以後,就專注觀察那些選好的股票,確認今天是否有發動點或買點。

2. 如果當日不打算提高持股資金比重,也不打算再買股票,那就關注當下已經持有個股的支撐或目標價,規畫好離場策略。

換言之,大多數的事前研究和準備功課,都必須在盤前,甚至前一晚就要做好準備,把所有可能的情況都想過一輪,盤中只要專注在「交易」就好。

表1 **選股正確＋買賣正確，才能投資成功**
交易和選股的排列組合

選股	買進	賣出	結果	檢討
正確	**正確**	**正確**	**獲利**	**標準程序，或者說是順利投資成功的路徑**
正確	錯誤	錯誤	虧損	專業性不足
正確	錯誤	正確	獲利／虧損	專業性不足，可能虧損，也可能幸運獲利
正確	正確	錯誤	獲利／虧損	紀律性不足，可能虧損，也可能幸運獲利
錯誤	錯誤	正確	小賠／大賠	專業性和紀律性都不足
錯誤	錯誤	錯誤	大賠	典型散戶行為模式

對於操作飆股的投資人來說，盯盤不只是為了判斷買賣點，還需要時刻關注股價波動的幅度和速度，這會直接影響到能否抓住突發機會，或是避免高位被套。

畢竟交易比的是對盤勢的反應速度，反應速度愈快，你的投資績效就會愈好。如同日本棒球好手鈴木一朗說的，「運動員的行為，要從大腦記憶變成肌肉記憶，最後轉換為反射行為。」股市的交易行為也是如此，你要把自己鍛

鍊到，不管盤勢怎麼變化，都能夠快速應對的程度。

　　要注意的是，盯盤並不是只盯著某個數字就可以，因為股價的關鍵支撐和壓力，並非是固定價位，可能是型態、可能是指標、可能是大量區間，其實是一個浮動的現象，因此要給予一些寬鬆的震盪空間，甚至需要跟著走勢進行微調。

　　如果是真突破或真跌破，還需要搭配其他要件一起判斷才準確，例如：壓力是 100 元，不是某天股價漲到 101 元就是突破，至少要漲 3% 以上，也就是漲到 103 元才算數；而且股價在 103 元以上，必須站穩 3 天，且這 3 天要有足夠的量能，甚至籌碼也要同步轉強，這樣才是真突破。因此，盯盤不是死死盯著 100 元的位置就好，還必須多方面綜合觀察才行。

　　另外，有些投資人存在一種迷思，認為每天花很多時間盯盤，就代表自己很用功。但很遺憾，盯盤只能算是庶務工作，是本來就應該做的事，稱不上什麼用不用功（詳見註 2）。

更何況，盯盤的重點在於，你是否有留意到關鍵轉折點，並做出具體的交易行為，而不是叫你從早上9點看到下午1點30分。因為就算你從開盤一直盯到收盤，不會漲的股票，還是不會漲，會跌的股票，還是會一直跌，這樣傻傻盯著，一點意義也沒有。

該賺錢的時候好好賺錢，該休息的時候好好休息。有時過度專注於當下的漲跌，卻忽略了股市投資是一場無限戰局，是一件很不好的事情。

看盤的心理和情緒往往是緊繃的，真的有機會休息，就要多把握時間休息，因為時間是最珍貴的。倘若能夠判斷今天不用太認真看盤，盤中可以做自己的事情，那對交易的人來說，就是賺到一天。

此外，有些投資人覺得不能在電腦前全程盯盤，好像就

註2：真正的用功，是扎實讀書、認真上課、寫下讀書筆記、課後心得、交易策略擬定、交易記錄與檢討等，並且把這些內容，內化成自己的東西，那才叫做用功。

不利於股票操作，其實並不是這樣。雖然能在電腦前全程
看盤是真的比較幸福，因為電腦版的軟體資訊很完整，也
比較不會錯失細節，尤其如果是操作期貨、權證、選擇權
或是極短線交易，當然最好能用電腦軟體看盤；但如果是
交易現股，其實不用這麼緊繃，對短期股價波動盯得太緊，
反而會影響維持手中持股的穩定性。

因應市場波動，把握盯盤黃金時間

德國股神安德烈·科斯托蘭尼（André Kostolany）說過：
「永遠不必追逐電車和股票，只要有耐心，下一趟一定會
再來。」

精確的買賣點就像趕火車，希望在 12 點發車時，剛好
在 12 點上車；但萬一車門都關了，難道要一直撞車門嗎？
別忘了你還有下一班車。

買賣股票不是只有 1 天，絕不會因為錯過盤中買賣點就
無法交易，只要目標價沒有滿足或是出現轉折訊號，還有
第 2 天、第 3 天可以進場交易──錯過第 1 步棋，永遠有

圖1 錯過買點，後續仍有機會買進
以菱光（8249）日線圖為例

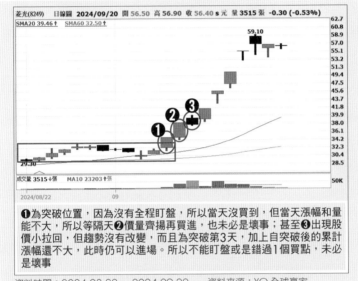

❶為突破位置，因為沒有全程盯盤，所以當天沒買到，但當天漲幅和量能不大，所以等隔天❷價量齊揚再買進，也未必是壞事；甚至❸出現股價小拉回，但趨勢沒有改變，而且為突破第3天，加上自突破後的累計漲幅還不大，此時仍可以進場。所以不能盯盤或是錯過1個買點，未必是壞事

資料時間：2024.08.22 ～ 2024.09.20　　資料來源：XQ 全球贏家

下一步棋可以走。

　　突破第 1 天沒買到，第 2 天可以擬定追買策略；第 2 天沒買到，可以擬定拉回的時候再動作（詳見圖1）。若是股價已經漲上去、漲太多了呢？你還有下一檔股票可以買。

凡事過猶不及，完全不關心盤勢，當然不好，可是關心過度，也會適得其反。就好像很多人明明是做長線投資，卻把盤盯得好像做當沖一樣；又或者明明是做短線交易，卻沒有看盤習慣，兩者都是很危險的。

那麼，究竟每天看盤幾次比較剛好呢？説真的，肯定沒有標準答案，因為這會牽涉到交易週期長短，週期愈短，必然要盯得愈頻繁；然而，對於操作飆股的投資人來説，頻繁盯盤也可能讓情緒波動更大，容易被市場短期波動牽動，做出不理性的決策。

以我個人來説，是以操作現股為主，衍生性金融商品或是做空比較少著墨，所以盯盤次數不用太頻繁，而且會隨持股比重高低和股市波動而增減（詳見圖 2）。

持股比重低、股市波動不大》1 天看 2 ～ 3 次：當持股比重低、股市波動不大時，1 天看 2 ～ 3 次盤就可以了。第 1 次是盤前期貨開盤 8 點 45 分～股市開盤後 10 分鐘（9 點 10 分），只要關注一下，心裡可以對當天走勢有個底，這段時間也是最重要的；其次是收盤前 10 分鐘（下

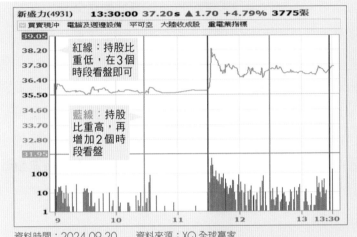

圖2　依持股比重高低，決定看盤次數
以新盛力（4931）走勢圖為例

新盛力(4931)　13:30:00 37.20s ▲1.70 +4.79% 3775張

買賣現沖　電腦及週邊設備　平可空　大陸收成股　重電業指標

紅線：持股比重低，在3個時段看盤即可

藍線：持股比重高，再增加2個時段看盤

資料時間：2024.09.20　資料來源：XQ全球贏家

午1點20分）關注一下，驗證今天看法，利用幾分鐘看盤，把重點瀏覽一下就結束了；最多再加1次中午11點～12點，觀察一下盤勢變化。

　　持股比重高、股市波動劇烈》間隔1～2小時看1次：
當持股比重高、股市波動又比較劇烈時，可以改成間隔1～2小時看盤1次，1天最多看個5次盤，也就足夠了。

此外，除非你有投資美股或夜盤台指期，否則不需要一直盯著 3 點過後～凌晨 5 點的期貨，也就是盤後盤或是夜盤期指，因為在這段期間，不論美股或期貨大漲、大跌，投資人都要等下一個交易日才能夠交易。也就是說，無論是當天半夜 12 點看、3 點看、5 點看，或者是在下一個交易日開盤前看，意思都是一樣的。

看盤的最高準則，少看 1 小時，就賺到 1 小時；少看 1 個晚上，就賺到 1 個晚上。所以收盤後，盡量做自己想做的事、多陪陪家人、好好休息，這樣隔天才有充足的體力跟精神。

那麼，什麼時候看美股或期貨走勢呢？第 1 是國際股市有重大利空，半夜睡不著，不知道這個消息會如何影響股市，這時可以看一下，因為夜盤期指會同步接收晚上所發生的所有利多和利空，並反映在指數的漲跌；第 2 是每天早上起床後，可以看一下昨晚最後結果，這樣對 8 點 45 分期貨開盤和 9 點現貨開盤，心裡就會有數（詳見表 2）。

當投資人兢兢業業地做好上述準備，等到要正式上場交

表2 建立事前準備以及盤中的工作清單
事前與盤中工作清單

前一天晚上（事前）工作清單	隔天開盤（盤中）工作清單
1. 觀察外資期貨未平倉口數 2. 檢討今日交易過程和帳戶盈虧 3. 分析盤勢多空和持股強弱 4. 擬定明日交易策略 5. 透過完整選股流程尋找潛力股	1. 觀察歐美股市以及夜盤期指表現 2. 期貨8點45分開盤 3. 加權指數和櫃買指數9點開盤 4. 在9點30分之前研判當日盤勢 5. 觀察個股是否有出現交易訊號 6. 每1～2小時町盤1次

易時，心情反而要保持平和輕鬆；尤其在投資飆股時，由於股價波動劇烈、風險又較高，保持冷靜平和的心態更顯得至關重要。如同一位從事表演藝術的朋友曾說，無論任何演出，在事前必須很嚴謹、戰戰兢兢地準備，但真的進入表演的狀態，反而要有一種「鬆弛感」，不能完全緊繃，這樣才能完成最好的演出。

投資也是一樣，事前必須扎扎實實地解盤，做好功課並

擬定策略，但真的進入盤中交易後，對指數跟股票漲跌也要有鬆弛感，這樣交易才會做得更完美和精確。

交易就是親身上考場，最重視時效性，必須在盤中當下立刻判斷，所以需要大量練習；尤其在飆股交易中，情緒波動更大，若心態失控，可能更容易會做出過度反應或錯誤決策。

投資人可以有最樂觀的規畫，但也要有最悲觀的準備──大膽假設、小心交易，買與不買都可以，但要清楚思考路徑和推理過程。

雖然說實務上，投資人不可能每次交易都看對、每次都贏，但只要贏的次數多一些，賺的比賠的多一些，這樣就可以了。

9技巧加持，不怕賺少賠多一場空

了解什麼是交易，以及如何正確盯盤之後，接著我帶大家來看一些操作飆股時的小技巧：

技巧1》不是紅K就能買進，須留意關鍵訊號

有時投資人會遇到一個問題：明明都是出現紅K棒時買進，為什麼買進之後，股價有的漲、有的跌？這是因為紅K棒只是單一技術面工具，不是萬能仙丹。

也就是說，並不是任何時候、任何情況出現紅K棒就可以買進，而是要符合要件、關鍵位置、位階高低、外在環境等條件的紅K棒出現之後再買進，成功機率才會大。

1.符合要件：即使看到紅K棒，並非一定就是買訊。紅K棒出現的同時，還必須符合3個基本要件：

①漲幅：3%以上。

②量能：10日均量之上。

③時間：需要站穩3天，不過短天期壓力當天就可以確認，不用等3天。

2.關鍵位置：股價每天漲漲跌跌，行進過程中，自然會出現很多根紅K棒。只是並非所有紅K棒都有意義，必須要是突破關鍵壓力區（例如底部頸線、盤整區間、前高、關鍵均線等）的紅K棒，才是真正的買訊。

3.位階高低:一樣是帶量中長紅K棒,但是出現的位階高低,也具有不同的意義。如果在低檔區出現紅K棒,可能是起漲;如果在高檔區出現紅K棒,就有誘多和追高的風險。當然,這還是需要搭配多根K棒組合加以觀察才會準確。

4.外在環境:當個股上述條件都符合,最好還能搭配國際股市、大盤指數、類股指數都在多方架構,這樣成功率才會提升。倘若外在環境偏空,即使個股出現發動訊號,還是容易失敗。

如果紅K棒能夠搭配以上幾個條件同時出現,那麼交易勝率是非常高的(詳見圖3)。只是交易勝率再怎麼高,永遠有假突破的可能,所以決勝的關鍵還是要設好停損機制,這樣一來,就算不幸輸了,也能輸得漂亮。

技巧2》高位階追強勢股,須留意下跌風險

當指數或個股在相對高位階,突破長天期或是關鍵壓力,甚至股價創歷史新高時,往往會出現來回震盪測試支撐的現象,這是什麼原因呢?

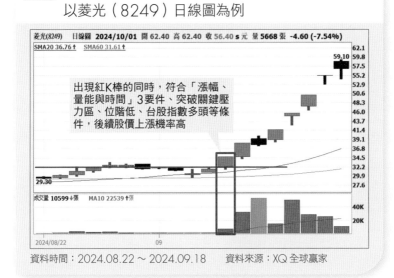

圖3　紅K棒和不同條件一起觀察，訊號更準確
以菱光（8249）日線圖為例

資料時間：2024.08.22～2024.09.18　　資料來源：XQ 全球贏家

　　因為位階高檔，原先有許多追高短套的投資人，一旦解套就會急著想要趕快停利；而原先成本低的投資人，由於獲利頗豐，也會想賣掉。解套的人想賣、獲利豐碩的投資人也想賣，一來一往之間，就會出現股價或是指數的震盪。

　　這種震盪現象是很正常的，尤其是股價創歷史新高的股票，必須等到震盪整理結束後，才有可能繼續上漲。但前

提是，整理期間不能出現爆量長黑或長上影線，關鍵支撐當然更不能跌破，否則又會變成高檔的假突破，反而是危險的現象（詳見圖4）。也就是說，要等到籌碼良性換手之後，才會積蓄能量再續攻。

因此，追強勢和高位階的股票並沒有錯，多頭做多，漲追漲、不追跌，但必須謹慎留意單一K棒轉折、量能變化以及重要支撐。

技巧3》錯過買點不要慌，再找新買點就好

操作飆股，有時股價突破後，不小心錯過了第1買點，就要尋找第2買點。我的追買方法有以下3個：

1. 第2根K棒開高4%內可追，5%以上不追：突破後，第2根K棒如果開高在4%以內可以追，但開高5%以上則不要追，不然容易追在短線高點；但如果是技術面突破第1天，則沒有這麼多限制，即使開高5%漲幅，都還是可以直接試單。

2. 小紅、小黑保守買：小紅、小黑保守買，是因為這時

圖4 股價創高出現爆量上影線，趨勢反轉
以青雲（5386）日線圖為例

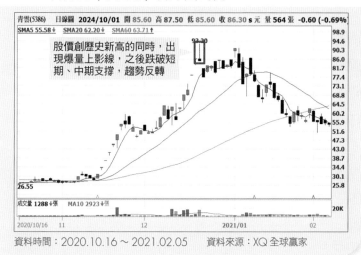

資料時間：2020.10.16～2021.02.05　　資料來源：XQ全球贏家

漲幅還沒有過大，可以直接進場。此處的小紅是指漲3%以內、小黑是指跌3%以內，保守買則是如果可以買10張股票，就只買3～5張。

3. **回測重要支撐，轉強積極買**：這個方法，其實就是常在媒體上看到的「拉回找買點」（詳見圖5），但這樣的交易行為是對的嗎？其實這個名詞大致上正確，只是投資

人在運用的時候，可能出了一些問題。

首先，「拉回找買點」這個詞是由 2 個現象組成，一個是「拉回」，也就是股價回到長紅 K 棒中值、5 日均線、底部頸線、旗型旗面上緣；一個是「找買點」，也就是出現紅 K 棒、向上跳空缺口、KD 指標黃金交叉、股價站上 5 日均線，可以進場。

也就是説，「拉回找買點」必須同時滿足「拉回」和「找買點」2 個條件，並不是説只要股價一拉回就立刻進場買，這樣很容易變成盲目逢低攤平，跟原先的定義相距甚遠。

其次，股價在 20 日均線之上，且 20 日均線仍然上揚，更是關鍵。若只是短線拉回，但中期向上趨勢沒改變，那麼短線轉弱只是一時的，只要等短線轉強續漲，就能繼續順勢做多，這時候當然可以「拉回找買點」；但若不只短線轉弱，連中期都翻空，那麼即使後來短線出現買點，也會變成搶反彈，成為逆勢操作。

所以「拉回找買點」的意思是，尋找仍在多方結構的個

圖5 **多頭個股回測重要支撐，可積極布局**
以大洋-KY（5907）日線圖為例

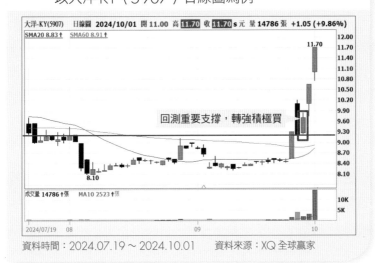

資料時間：2024.07.19～2024.10.01　　資料來源：XQ全球贏家

股，當出現漲多拉回現象，且支撐位置出現「多方轉折的買訊」時，才能出手；假如已經出現空頭走勢，卻遇到下跌就買進，這樣最後會發生悲劇（詳見圖6）。

　　大家在使用技術分析工具和交易策略時，千萬不能只看片面的意思，抑或是胡亂解讀，必須深入理解，否則畫虎不成反類犬，這就非常危險了。

技巧4》抱單後遇盤整，可觀察1個月再做決定

買進股票並持有的行為，可以簡稱為「抱單」。抱單後常遇到一種情境，就是有時看好而買進的股票，股價卻不漲。例如，挑出10檔可能上漲的股票後，從中選出3檔技術面發動的股票來操作，結果買進這3檔股票之後，其漲勢立刻趨緩，甚至不動，反而是剩下沒買的7檔股票之中，有幾檔表現強勢，出現連續性大漲。

倘若操作時遇到這樣的情境，其實還是要感到高興，表示自己的選股能力並不差，差的只是運氣；而且一個健康的多頭走勢，本來就是各種類股和題材輪漲，所以突破買進後，漲勢立刻休息，輪到還沒漲的股票價格上漲，也是天經地義。

有了上述的心理建設之後，接下來的事情才是更重要的——檢視已經買進的3檔股票，雖然漲勢趨緩，但支撐是否有守？籌碼是否仍然集中？如果都沒有出現改變，那大可放心，因為需要的只是耐心和等待；但如果買進的持股出現支撐跌破、籌碼分散，甚至轉弱，可能就要當機立斷，趁早放棄。

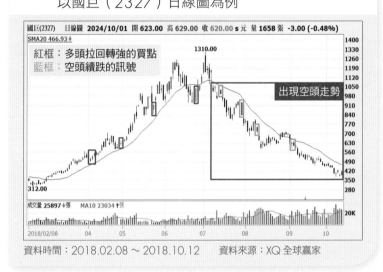

圖6 多頭結構下漲多拉回，才適合買進
以國巨（2327）日線圖為例

資料時間：2018.02.08～2018.10.12　　資料來源：XQ 全球贏家

其實這些情況都還算容易解決，最難解決的是，抱單之後，雖然個股技術面、籌碼面仍然健康，但就是持續盤整、不上不下，此時就必須考慮要不要換股。

我自己在盤整期間的忍受時間是 1 個月，但 1 個月是底線，不一定每次都要忍到 1 個月。只不過這時換的股票，可能就不會是原先那幾檔股價先起跑的個股，因為那些股

票早就起漲，此時漲幅和位階肯定不低，所以應該是重新篩選基期低、剛剛起漲的個股，或是多頭拉回續漲的個股。

最後，如果常常選到不會漲的股票，10次中有 3 次失誤，還可以接受；但 10 次中有 5 次以上失誤，那就跟擲銅板一樣，不如靠運氣了。這時務必要檢視一下選股系統，是不是有瑕疵，或是出了哪些問題。

技巧5》空手不是放假，仍要關心盤勢

不只是抱單要忍耐，空手也需要忍耐。一旦真的完全空手，也不是放假的開始，而是另一種不同的考驗。

首先你要面對的是保持永遠的客觀性，不能因為自己空手，就每天希望出現股市崩跌。不管昨天看多、看空，今天解盤就是從頭再來。

其次，要承受看錯的風險和內心的煎熬。當你完全空手時，如果日後真的遇到較大的崩跌，當然可以避開風險，但萬一看錯呢？盤勢並沒有出現預想中的跌勢，整理後不久就轉強翻多，那就會面臨到必須重新迅速增加持股、追

4種常見的錯誤交易行為

抱單需要忍受因股價波動而產生的心理煎熬，有時也會因此做出一些錯誤的交易行為。大家不妨檢視一下，看看自己是不是曾經犯了以下錯誤：

1. 策略模糊不清：策略模糊不清、似有若無，不但沒有設定精確的支撐和壓力，更沒有停利和停損條件，一旦遇到盤勢震盪，容易腦袋一片空白、不知所措。

2. 錯誤的策略：設定錯誤的交易條件和策略，例如支撐不對，導致賠多賺少。

3. 交易樣本數不足：雖然有明確的交易條件和策略，但練習不夠、樣本數不足，遇到賠錢的情況，也無從辨識究竟是策略有問題，還是運氣不好。

4. 沒有量力而為：沒有量力而為，持有張數和資金比重過高，甚至使用槓桿放大資金。在這種情況下，即使沒有遇到大跌，但只要股價整理時間拖太久，就會影響交易情緒超過負荷，心理壓力大。

高股票的風險。

另一種情境是，股票賣完之後，股價繼續漲，該怎麼辦？

既然選擇出清，就要有股價可能會繼續上漲的心理準備；再來是，你要趕快想清楚，自己到底想做什麼？是要眼不見為淨，再找下一檔飆股？抑或是要積極勇敢追，但設好嚴格的停損、停利？還是要保守買一點，虧損也沒關係？你有很多明確的策略可以選擇，但千萬不能腦袋一片空白，在盤中發呆，或是用感覺操作。

所以空手真正的意義，不是放假，也不是完全不關心盤勢，而是挑重點看；此外，空手時一樣要不斷做功課、整理有潛力的觀察股，這樣一來，等趨勢正式落底翻多時，你才能尋找適合的時機點，重新再進場。

技巧6》用歷史K棒做練習，確認轉折點

學習使用技術分析進行交易的時候，可以自我練習，試著用過去的K線寫日記，把每根K棒代表的意義搭配其他技術分析工具，寫出哪根K棒是試單、加碼、買足、減碼、回補、停利或停損，依序詳述記錄。

以下用國泰金（2882）2024年3～6月的K線圖為例，不過礙於版面，無法將所有指標同步呈現在同一張圖表上，

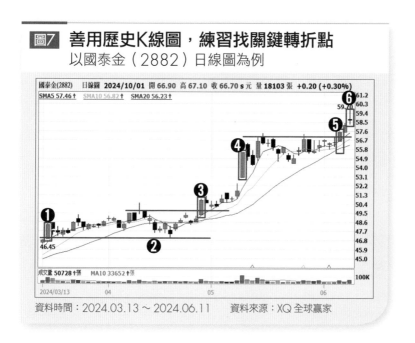

圖7 善用歷史K線圖，練習找關鍵轉折點
以國泰金（2882）日線圖為例

資料時間：2024.03.13 ～ 2024.06.11　　資料來源：XQ 全球贏家

主圖僅用K棒、均線、趨勢線、型態價量關係做代表（詳見圖7）。

其餘的指標和工具，只會用文字說明。建議讀者在閱讀這個段落時，同步開啟看盤軟體做對照。

2024年3月14日》國泰金出現 3.21% 的漲幅，突破

2023 年 8 月 1 日底部頸線 47.25 元，成交量大於 10 日均量（詳見圖 7 ❶）；但因為這時只是突破第 1 天，可以視為試單訊號（詳見圖 8）。

2024 年 4 月 16 日》國泰金 5 日均線和 10 日均線出現死亡交叉，短線拉回，但守住頸線 47.25 元，為漲多拉回測試支撐（詳見圖 7 ❷）。

2024 年 4 月 29 日》國泰金出現中長紅 K 棒，成交量大於 10 日均量，為續漲訊號（詳見圖 7 ❸），加上距離底形漲幅滿足的目標價 58 元（詳見圖 9）仍有一段空間，可以進行加碼。

2024 年 5 月 10 日》國泰金單日漲幅 7.35%，成交量放大，20 日正乖離率已經來到 11.54%，短線過熱，而且距離漲幅滿足目標價 58 元上漲空間相對有限，因此只能續抱，不宜再進行加碼（詳見圖 7 ❹）。

2024 年 6 月 6 日》國泰金再度突破盤整區、續漲（詳見圖 7 ❺），但出現高檔價量背離（詳見圖 10），而且

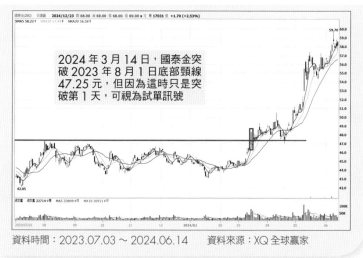

圖8 **股價突破第1天，可視為試單訊號**
以國泰金（2882）日線圖為例

2024年3月14日，國泰金突破2023年8月1日底部頸線47.25元，但因為這時只是突破第1天，可視為試單訊號

資料時間：2023.07.03～2024.06.14　　資料來源：XQ全球贏家

已經相當接近漲幅滿足目標價位置58元，因此只能續抱，不宜再進行加碼。

2024年6月11日》國泰金盤中最高來到59.7元，到達目標價，保守者可部分獲利了結，部分等待之後短線轉折出現後再離場，例如跌破5日均線且5日均線下彎、跌破10日均線或10日均線下彎、爆量長黑或長上影線，

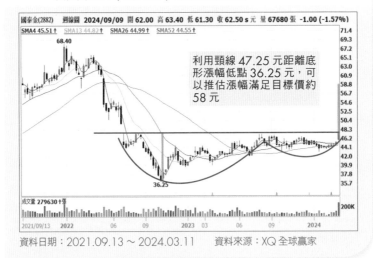

圖9 個股目標價，可用頸線與底形漲幅估算
以國泰金（2882）週線圖為例

利用頸線 47.25 元距離底形漲幅低點 36.25 元，可以推估漲幅滿足目標價約 58 元

資料日期：2021.09.13 ～ 2024.03.11　　資料來源：XQ 全球贏家

完成本次操作（詳見圖 7 ❻ ）。

技巧7》不要被時間迷惑，訊號出現就可以交易

　　許多投資人常常感到困惑，當技術面出現買進、加碼、減碼、賣出訊號或價位時，應該是 9 點剛開盤就要立刻下決定？還是 9 點 30 分？ 10 點 30 分？又或者是下午 1 點 30 分收盤之前再確認？其實沒有標準答案，而是取決

圖10 **出現高檔價量背離，不宜再加碼**
以國泰金（2882）日線圖為例

資料時間：2024.04.16～2024.06.11　　資料來源：XQ全球贏家

於2個條件：

1. **關鍵價位或訊號是否有出現**：有出現訊號的話就可以出手，不用管時間。比如說早上9點30分，股價突破100元是買訊，但因為沒有全程盯盤，11點才看到，這時只要買訊還在，就是出手的時機——時間不是重點，重點是訊號有沒有出現。

2. **對於訊號的把握程度：** 愈有把握，愈早出手。這個把握來自於專業、判斷以及當時的外在環境。

「何時要依照訊號進場？」這個不是是非題或選擇題，而是申論題，依據每個人的風險承受度、解盤判斷力、技術面分析功力、資金比重而有所不同；但有一個通則是適用的──當你猶疑不定時，不論想買或想賣，分批操作永遠是上策。

技巧8》不同交易週期，要使用不同工具

每一種交易週期（例如短線交易和長線交易），要承受的利潤跟風險都不同：

1. **短線交易：** 交易週期做得愈短，心理素質和紀律性要愈高，出現交易訊號時就要果斷處理。優點是，只要願意紀律執行，單筆虧損有限；缺點則是必須靠高頻率交易來累積利潤。

2. **長線交易：** 週期做得愈長，基本上不太需要什麼交易技巧，比較需要抱股的信仰。優點是在趨勢對的時候壓對

股票，會有超額報酬；缺點則是長線交易的投資人關注股
票的時間較短，不像短線交易的投資人那麼靈敏，等到發
現股票有問題，往往已經來不及，最後信仰崩盤，變成慘
賠（詳見註3）。

　策略不同，配套的做法也就不同，切記，要做就要做整
套，不要用A邏輯買股票，卻用B邏輯出場。好比説，在
做短線交易時，最忌諱本來要做短線，結果因為不小心套
牢，就騙自己説要改做長線，那只會愈套愈深;更危險的是，
不同的策略混合使用，恐怕會變成四不像。

　短線交易就用短線工具，長線交易就用長線工具，不同
的商品和交易週期，本來就有個別需要關心的項目和對應
工具，千萬不要長線投資，卻用了短線策略，或者是本來
是短線投資，卻用了長線策略，一旦畫錯重點，那是很危

註3：這裡所謂的「長線」，是指至少要持股半年，如果連半年
股價的波動和漲跌都熬不住，就不要説自己要做長線。何
況有些長線布局，必須要歷經3年以上，甚至更久的時間
才會有成果，真的是要比氣長。假如你氣不夠長，千萬不
要想做長線。

險的。

交易要思考的，不只是點（單日漲跌）、線（多空趨勢）、面（長短週期），更是立體的價量關係、籌碼變化、技術指標等。

以我的習慣來説，操作飆股時，交易週期大多以 1 個月為主，但並不是説，股票買進後就擺 1 個月，1 個月後不管漲跌，一定會把股票賣掉。不是這樣的，因為交易週期根本不是投資人可以決定，而是股票自己決定的。

而我定義 1 個月的週期，其實是忍受極限，也就是説，出現買訊並出手買進後，股價完全不動，既沒有買訊，也沒有賣訊，期間一直盤整。這個狀況代表 2 種可能，一種是我看錯了，另一種是有人不想讓它漲，這時我就會評估是否要賣出，讓資金更有效率。

除非有其他很強烈的理由，例如籌碼很好，或是該檔股票過去股性經常如此，支持我有續抱的理由，才會考慮再多觀察一陣子。

　　基本面只是選股工具，不是交易工具，技術面才能決定買賣點。操作飆股時，出現買訊就要買，出現賣訊就要賣，中間利潤可能是 10%～30%；當然偶有佳作，獲利會到 50% 以上，但獲利 50% 以上的情況，1 年大約只有 2～3 次。而交易週期，可能是 1 週、1 個月，甚至 3 個月（詳見註 4）。

技巧9》不要在空頭找希望

　　市場長期流傳一句話，「趨勢不容易形成，一旦形成不容易改變。」每次空頭來臨時，在初跌段，投資人還是會充滿希望，拚命地在網路上尋找對多方有利的消息，無視趨勢已經翻空的事實；必須到主跌段，甚至來到末跌段，投資人才會承認趨勢已經翻空的事實，但這時往往早已受傷慘重，所以在空頭找希望是很危險的一件事。

　　那麼，遇到空頭時，究竟該怎麼辦呢？可以遵循以下幾

註4：操作飆股時，雖然我的持股是以1個月為主，但如果個股按照預先猜測緩步續漲，這時因為方向仍是對的，當然沒有賣出的理由，就會繼續抱著。

個步驟執行：

1. 先止血再研究：基本上，會看著股價下跌而沒有作為，就是沒有做好明確停損條件的設定，或是設定之後無法紀律執行。

舉例來說，有些投資人會在空頭尋找支撐，但等真的跌到支撐之後，又不甘心直接出場，於是退守到下一個支撐。但這樣做只是在飲鴆止渴，只會愈賠愈多（詳見圖11）。較好的做法，是一碰到設定的支撐，就要壯士斷腕、忍痛出場。

進場靠勇氣，出場靠智慧，紀律是智慧與勇氣的結合體。你應該為紀律且正確的停損感到驕傲，而不是挫折和羞愧；即使偶爾停損錯誤也沒關係，因為這個經驗，未來將會避免鉅額虧損的產生，並且保護你的資產，讓你永遠活在股市裡。

2. 正確判讀行情走勢：趨勢翻空都會有領先訊號和同時訊號，必須學會如何判斷。如果自己不會看，可以看高手

圖11 設定支撐就要堅守，方能即時止損
以台塑（1301）週線圖為例

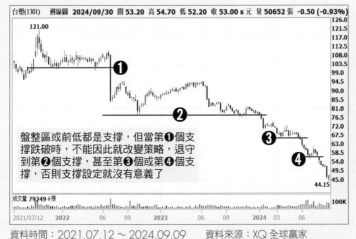

資料時間：2021.07.12～2024.09.09　　資料來源：XQ全球贏家

解盤，就算看不懂推理過程，至少要看結論——領先訊號出現時，就應該預防性減碼；同時訊號出現，就應該將持股降到最低，甚至空手。

道氏理論說「多頭做多、空頭做空、盤整不做」（詳見註5），這裡提到的「空頭做空」，意味著趨勢走空時要保守，因為這時即使出現買進訊號，也很容易會在停損機

制中結束，失敗率很高，高到會懷疑人生。

3. 切勿心存僥倖：根據我的經驗，每次交易，只要心存僥倖，下場都會很慘。所以奉勸大家，交易時千萬不要心存僥倖，發現有不對的地方，就要趕快處理。

如果看到指數或個股股價下跌，過程中的訊號和變化，你都看得懂，但是心存僥倖，總覺得「這一次應該不會這麼慘吧」，那就是對這些訊號的信仰還不夠。

信仰來自於經驗值和交易次數，這一次不相信，下一次不相信，多遇到幾次就相信了。因此操作個股交易的投資人，1 年至少要有 30 檔以上的交易次數，否則無法快速累積經驗值。

4. 不要為股價漲跌找理由：在股市打滾多年的人都知道，

註5：道氏理論，是一套用來分析股票市場趨勢的理論，認為市場趨勢可以分為長期、中期和短期，並強調趨勢會持續，直到出現明確的反轉訊號。

股價漲跌不是單一變因，而是複合式的變因。

即使找到 1 個股價上漲的理由，但可能有 99 個下跌的理由沒找到。所以投資人在盤中應該做的是紀律交易，而不是為股價上漲和下跌找理由，這樣是很危險的。

5. **犯錯沒關係，但要學會教訓：**請敞開心胸容許自己犯錯，這次虧錢沒關係，誠實地面對自己，把交易紀錄寫下來，不要再犯錯，這次的虧損就有價值；不然下一次遇到同樣的問題，還是會犯同樣的錯，那麼這次的虧損，就真的變成沉沒成本（詳見註 6）了。

6. **堅守紀律：**投資獲利的路徑是，一開始聽到或看到交易訊號，知道並了解這些訊號，接著相信這些訊號帶來的意義，然後擬定策略，最後是紀律執行交易。

舉例來說，空頭落底，出現買訊，勇於進場，需要紀律；

註6：沉沒成本，意即已經花出去、無法收回的成本，而且不管你怎麼做，都拿不回來。

續漲過程，小幅震盪，續抱持股，需要紀律；位階高的漲多股，不貿然追高，需要紀律；多頭高檔起跌，持股停利，需要紀律；趨勢翻空，維持空手不亂搶反彈，需要紀律；持有空頭股，碰觸停損條件，果斷賣出，需要紀律──倘若沒有紀律，先前做了再多的努力和準備，也是徒勞無功。

Note

Chapter 7

《自我檢視》
汲取操作經驗
每次虧損都是成長養分

　　有媒體記者曾經問過我，當初開始專職投資的心態是什麼？要達到什麼條件才能放棄原本的工作，專心做投資？其實，這是一個自然而然的過程。

　　大多數人在職涯初期，都是靠勞力賺錢，這是最艱辛的階段；幾年後，勞力轉變為專業，收入也會隨之提高；接下來，進階到讓他人為自己賺錢的階段，不論是僱用員工

或擔任主管，都是借助他人的力量創造收益。經歷這 3 個
階段之後，自然就會進入「用錢幫自己賺錢」的階段，也
就是「投資」。

　在我個人的職涯中，2008 年之前，已經歷過這 3 個階
段，因此很自然地開始探索，要如何透過投資產生穩定的
現金流。

　起初，我並未設定要靠投資立刻退休，而是抱著「實驗
退休」（詳見註 1）的心態，看看自己能學習到什麼，以
及投資究竟能帶來多少效益；接著，我開始廣泛涉足各種
金融商品，包括房地產、基金、保險、股票等，想看看哪
種工具最好用。

　經過一番實驗之後發現，股票具備最高的流動性和自主
性，於是決定將股票作為主要投資工具。

註1：實驗退休，是指在正式退休之前，個人暫時停止全職工作
　　　或降低工作強度，嘗試類似退休的生活方式，以了解自己
　　　是否適應並喜歡退休後的生活。

專注自己所長，獲取最大效益

有些人可能會困惑，為什麼我只專注股票，而不多選幾種投資商品進行操作呢？老實說，以前我也和大家一樣有相同的困惑。

在我剛開始學習投資時，曾遇到一位年長我 20 歲的期貨高手。我問他為什麼不投資美股、台股、ETF 或權證等其他金融商品？他的回答很簡單：「期貨的錢已經賺不完了！我既沒打算當學者，也不會去券商上班，學那麼多做什麼？」

當時我還不太理解，但隨著自己經驗的累積，才逐漸明白他說的有多麼深刻。

金融市場中有著形形色色的商品，基金、ETF、期貨、選擇權、美股、陸股、港股、歐股、外匯、原物料、比特幣等，還有不同週期的交易模式，包括急短線、短線、波段和長線交易等，種類繁多，但並不是每種商品和交易週期都適合你去掌握──這一點非常關鍵，因為錢是永遠賺不完的，

專職投資人關鍵4要素

想成為專職投資人，關鍵在於是否具備以下 4 個要素：

1. 明確的投資目標：假如你原本月薪 5 萬元，1 年收入就是 60 萬元，那麼投資退休的目標可以設定為年獲利 90 萬元，也就是年收入的 1.5 倍，給自己一個安全的緩衝區。這個目標可以拆解為每季約 22 萬 5,000 元，我習慣以季度為考核單位，這樣壓力會比較小。

2. 充足的投資本金：俗話說：「人是英雄，錢是膽。」投入市場的投資本金愈高，所需的投資報酬率就相對較低。例如，你有 300 萬元投資本金，想要達到 90 萬元的年獲利目標，那麼報酬率需要達到 30%；但如果投資本金是 600 萬元，報酬率只需要 15% 就能達成目標。反之，若只有 100 萬元投資本金，要達到 90 萬元的年獲利目標，報酬率需要高達 90%，這可能已經是高手，甚至是「神手」級別。所以，投資本金的高低，會直接影響到投資成功率。

3. 必備的緊急預備金：緊急預備金，等同於個人的「國安基金」。擁有緊急預備金，不僅能降低「實驗退休」的風險，也能在市場不穩定時，保持情緒的穩定。而情緒穩定對交易來說，是一件極其重要的事情。

4. 豐富的交易經驗：我想提醒大家，不要因為討厭某份工作而衝動「裸辭」，進而被迫成為專職投資人，最好能有一段時間進行練習和測試，確保自己具備足夠的經驗之後，這樣轉職為專職投資人的成功率才會更高。

你不能什麼錢都想賺。

即使像股神華倫·巴菲特（Warren Buffett）這樣的投資大師，也不可能在當沖市場中游刃有餘。在你的能力圈之外，就是你的知識盲區，貿然介入極其危險；而你真正需要的，是專注在最擅長的領域，只做自己有把握的交易，這樣才能帶來穩定的回報。如果你什麼都想嘗試，最終結果往往是什麼也沒賺到。

多數時候，投資虧損的原因並非出在方法或商品上，而是來自於投資人自身。市場上有各種不同的觀念和策略可以採用，但商品和風格不應頻繁更換。

正如已故國際武打巨星李小龍所説：「我不害怕曾經練過 1 萬種踢法的人，但我害怕 1 種踢法練過 1 萬次的人。」

在初學階段，你可以嘗試各種商品，但當你選定了某種投資方法或商品後，應該專注於它，並深入研究；如果心思不定、三心二意，只會導致每樣都懂一點，卻無法精通任何一樣。

給自己時間，也給所選的方法和商品時間，才能看到真正的成果。否則就像為山九仞，最後功虧一簣，那種遺憾是無法彌補的。

這裡我還想分享另一則奇遇：我剛開始學習股票投資時，透過一位在券商工作的營業員朋友，結識了一位比我年長超過 30 歲的老牌投資人，當時他的頭髮已經比我現在還要白。

嚴格來說，我和這位老牌投資人之間不能說是「結識」。當時我去券商櫃檯辦事，這位老牌投資人正在用公用電腦看盤；營業員朋友悄悄告訴我：「之前跟你提過的那位投資高手，就是那個人。」聽到這個消息後，我就默默地站在老牌投資人背後，觀察他如何看盤。

我注意到，這位老牌投資人看盤時，只關注 K 線圖、幾條特定均線和成交量，似乎就這些而已。不過，最讓我驚訝的是，他看 1 檔股票竟然只需要 3 秒鐘！

後來，他好像發現我在後面偷看，轉過頭來問道：「年

輕人，你有什麼問題嗎？」我尷尬笑了笑，困惑地問：「真的只看這幾個東西就夠了嗎？」

他只是輕描淡寫地回答：「這些就夠了，其他工具只是輔助。」

當時的我不太理解他的話，於是繼續在一旁觀察。後來，他隨口告訴我幾檔即將大漲的股票，當天回家後，我發現他提到的 5 檔股票中，竟然有 3 檔漲停了！

可惜的是，後來我再去券商辦事，卻再也沒遇過這位「高人」，雖然營業員朋友跟我的關係不錯，但畢竟不能透露他的個人資訊。然而，從那時起，我就立下志向，希望有一天也能達到他那樣的境界。

幾年後，我才慢慢理解，K 線圖、均線、型態、價量關係，其實已經涵蓋了技術分析的 80%，剩下的工具，不過是輔助罷了。

至於我現在利用技術面找飆股的技術，是否達到了那位

前輩的水準？我不敢說，但我知道，股市中臥虎藏龍，有很多人像《天龍八部》的少林掃地僧那樣，看似平凡卻身懷絕技。這些高手隱於市井，默默操作，卻掌握著深厚的市場智慧。

不小心扯遠了，讓我們回到正題。當我鎖定股票作為主要投資方式時，最初也像許多人一樣，胡亂交易，短時間內虧損了將近 500 萬元──這個經驗，讓我下定決心要認真學習。

於是在接下來的 2 年內，我幾乎是把投資這門學問當成讀研究所一般，四處拜師學藝、向 18 位以上的老師請教，甚至瀏覽的書籍超過上百本，每天晚上至少花 3 ～ 4 個小時閱讀，週末更是全心投入學習、記筆記、反思和檢討。

之所以花那麼多時間鞏固投資相關知識，是因為我認為學習投資，大致可分為：鑄智、鑄計、鑄化和鑄心等 4 個階段。在這 4 個階段中，掌握專業技能是基礎，隨後才能制定完善的策略；當你願意投入時間和精力去練習、內化所學的知識之後，心理素質也會隨之提升；而心理素質的

成長，會讓技能更加嫻熟，進而形成一個正向的循環（詳見圖1）。

在整個學習歷程中，投資人會經歷幾個不同時期：未學期（詳見註2）、摸索期、撞牆期、成長期、穩定期以及爆發期。當處於半老手階段時，狀態會較不穩定，有時看似在進步，實際上可能是在回撤；有時感覺退步，實際上卻是在醞釀進步。

正如丹麥裔美國籍社會改革家雅各‧里斯（Jacob Riis）所言：「當一切努力看似徒勞時，我會想起石匠敲打石頭的畫面。或許敲了上百次，石頭都毫無變化，但就在第101下，石頭裂為兩半。我明白，敲開石頭的並不是最後一下，而是之前的每一次敲擊。」

學習階段不強求獲利，首重累積知識

以我自己來說，剛開始學習那段期間，我偏向「無所求」的心態，並不關注績效，因為當時處於學習階段，績效不好是正常的；然而，「無所求」並非什麼都不追求，而是

圖1 **學習內化並嫻熟知識，提升投資能力**
學習投資4階段

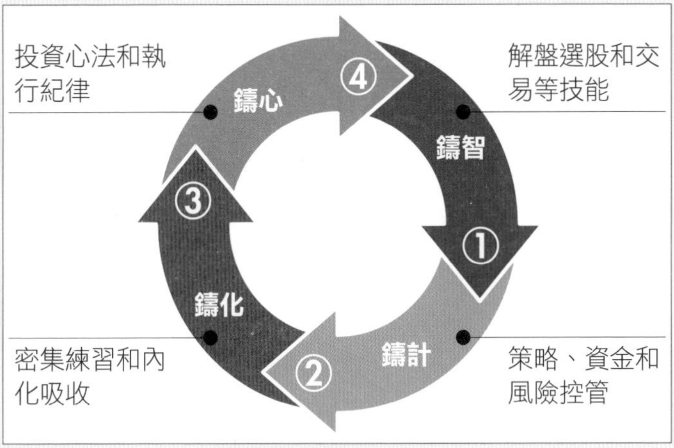

在學習過程中，不執著於當下的賺賠結果，無論盈虧，都應以平常心對待，因為這是成長中不可避免的過程。

只要確信自己正在朝正確的方向前進，每天有所進步，

註2：未學期，指還沒有進入學習狀態，只是憑感覺聽消息亂買亂賣。

最終都能水到渠成。就如同從小學升上國中、國中升高中，最後自然能從高中考上大學。關鍵在於，每個階段是否全心投入學習，並在課後進行複習。只要學會正確的方法並建立系統，把事情做對，獲利自然會隨之而來。

我在認真學習多年之後，隨著時間推移，成果慢慢浮現，投資績效也從一開始的小賺大賠，慢慢變成小賺小賠，最後累積成能夠大賺小賠。就這樣一步一步累積投資經驗，漸漸地，我不用再靠工作的收入過活，因而踏入專職投資人的行列。

成為專職投資人之後，很多人會問我：「怎麼找飆股？找到飆股後，究竟要怎麼選股？怎麼找買賣點？」這個問題，就像學習英文時問老師：「我什麼時候可以和外國人流利對話？以及快速閱讀文章、寫出完整的英文作文？」看似是簡單的問題，實際上已涵蓋了學習的全部過程。

想達到這個目標，要從最基礎的學習開始——學習英文，先要認識英文字母 ABC 及其大小寫，然後背誦 50 個、100 個、500 個，甚至超過 1,000 個單字，還要理解並

記住文法、觀看英文電影、進行無數次的聽力練習和實際寫作練習，並尋找機會與外國人對話。

　　同樣地，學習股票投資，也需要從最基本的技術分析和籌碼工具開始，不僅要理解，還要熟練，才能達到「熟能生巧」的境界，而不是停留在一知半解；投資飆股需要經驗和技術的累積，有了扎實的基礎之後，再繼續進階，最後將所學融會貫通，進行實戰演練，從小賺大賠，變成小賺小賠，最終實現大賺小賠。

　　如果你還處於「小學階段」，卻問了「大學的問題」，即便老師將答案直接展示在你面前，你也很難真正理解。就像學英文時，如果你聽不懂某句話，老師可以幫你翻譯，但因為單字量不足、文法不夠熟練，下一句話你還是不理解。因此，請給自己多一點時間，如果學會投資這項技能，能讓你一生衣食無憂，那麼就算花再多時間學習，也是值得的。

　　在投資這條路上，有人學得很快，也有人花了很長時間仍然無法學成。例如我的一位朋友阿強，透過 1 年 2 個月

的密集學習，就能靠投資取得不錯的成績，之後他毅然決然地辭去了年薪 300 萬元的科技業工作，獲得人生的自主權，到現在已經退休快 7 年了；但同時，我也見過有些人在市場中打滾了幾十年，獲利卻始終沒有起色，依舊每天在股海中浮浮沉沉。

　　兩者的差別在於，是否對財富有強烈的渴望？有沒有下定決心去學習？失敗並不是痛苦的源頭，真正的「苦」，在於要下功夫學習和鑽研，特別是飆股投資這一塊，需要花許多時間去學習，從掌握市場波動到精通技術分析的技巧，每一步都充滿挑戰。學習投資，應該以準備考證照或國考的態度去面對，堅持努力。像是我從阿強身上，看到了 10 多年前的自己，所以我知道他一定會成功。

　　我自己從 2013 年開始在網路上分享投資心得，一路走來超過 10 年。以每年約 240 個交易日計算，我已累計撰寫了超過 2,400 次的解盤分析。

　　隨著不斷練習，熟能生巧，投資技術和勝率自然會慢慢提升。在不斷實戰的過程中，我逐漸感受到技術分析的應

用、股價的脈動變化和買賣訊號的出現。

著名的操盤手傑西・李佛摩（Jesse Livermore）曾多次賺取鉅額財富，但他從不強調要賺多少錢。他真正關注的是「做對的事」，因為只要操作正確，財富自然會隨之而來。因此，不要在一開始就給自己太大壓力要賺錢，這是不現實的，有時反而會適得其反，把自己逼入困境。

回想學生時代，在學習的過程中，你會關心自己將來賺多少錢嗎？會強求未來要年薪百萬嗎？那時只會專注在按部就班地完成學業，因為你知道，將來無論是進入職場或創業，機會都會隨著學習成果而到來。因此，在投資的路上，不要在意短期盈虧，而應著眼於更長遠的未來。

市場常見獲利方式，個人專業是關鍵

投資獲利的方式五花八門，各門各派如同春秋戰國的百家爭鳴，但歸根究柢，大致可分為 4 個類型：

1. **利用資訊落差來獲利**：也就是透過「資訊不對稱」來

賺錢，簡單來說，就是靠內線消息。這種方式有時有效、有時無效，不僅不穩定，而且屬於不正當的獲利手段，建議投資人不要觸碰。

2. **依靠專業認知來獲利**：這個類型需要具備扎實的投資技能，包括風險控制、資金管理、嚴謹的選股方法和精確的交易執行。雖然需要投入大量時間學習和練習，卻是可行且正當的長期方法。

3. **憑藉果斷紀律來獲利**：也就是能夠按照自己所學的專業知識，嚴格依循紀律進行交易，且不受情緒波動或主觀判斷的干擾。這個類型強調心理素質的穩定性和執行力，可以有效避免交易中的錯誤決策。

4. **藉由提升交易品質來獲利**：即使 A 和 B 做同樣的投資操作，A 的精準度和執行效率如果比 B 好，那麼 A 的獲利也會比 B 更高。這個類型的關鍵，在於提高細節準確度和執行力，從而在競爭中脫穎而出。

以上 4 種獲利方式，除了第 1 種「利用資訊落差來獲利」

專職投資人3種投資筆記

想成為專職投資人，投資理財的學習和實戰筆記，至少要有 3 種類型：

1. 解盤筆記：記錄對國際股市和台股的分析，並詳細記錄自己觀察的重點股票。一定要按照解盤清單逐項具體記錄，無論是手寫或電腦記錄都可以，避免依靠感覺，因為感覺往往不準確，容易遺漏。

2. 交易筆記：記錄每一筆交易，包括試單、加碼、買足、停利、停損以及出場的原因、買賣點位與賺賠結果。這些紀錄是日後檢討的依據，因為記憶並不可靠。

3. 讀書或上課筆記：消化並吸收讀書和上課後的內容，再提煉出最重要的精華。這些內容有時需要重複記憶和背誦，可記錄在一本方便隨時複習的筆記本中，有助提升學習效率。

無論是哪一種筆記，無需拘泥格式、形式、內容，關鍵是必須開始記，並且持之以恆地記。

不建議涉足，其他 3 種都是透過專業學習和經驗積累，以達成穩定的投資報酬。

　　股市中充滿了貪婪與恐懼——貪婪的人想從多賺中賺更多，恐懼的人則因為空手或放空而陷入焦慮。其實這些情緒不只存在於股市，日常生活中的求學、職場、家庭、人際關係，也常面臨類似的挑戰。

　　遇到難題時，我們總會尋求解決方案，比如商場上遇到無法打敗的對手，通常有 3 種策略：換戰場、加入對方，或者尋找替代方案。然而，一旦進入股市這個系統，很多人似乎就失去了以往的理智和智慧，取而代之的是人性弱點和不理智的行為。

　　正如金融市場中的一句名言：「在華爾街面前，任何聰明人都得低頭。」每一個領域的專家，在另一個領域面前，往往只是初學者。

　　面臨虧損或錯失賺錢機會時，很多人會陷入「錯失恐懼症」（Fear of Missing Out，FOMO，詳見註 3），尤其

是在追逐飆股時，這種情緒會讓投資人更加焦慮，擔心錯過下波漲勢，這也導致了賭徒心態的出現，讓人不由自主地感到羨慕、嫉妒，甚至怨天尤人，並將責任推卸給政府、外資或「幕後黑手」。

要在這樣的情況下保持冷靜，需要多面鏡子來反思自我：後照鏡用來回顧過去、照妖鏡揭露真實的自己、自拍鏡審視內心情緒、望遠鏡著眼長期趨勢、顯微鏡精密分析細節、放大鏡放大投資中的關鍵點、潛望鏡幫助我們在受限的視野中尋找新的觀點或突破點──這些鏡子，讓我們縱使在困境中也能找到不同的解決方案，或者在市場不明朗時可以探尋機會。

如果用一樣的方法，卻一次又一次地賠錢，那麼股市已經明顯告知，不應該再繼續這樣投資。只是投資人往往健忘又執著，上次用一樣的方法和投資路徑賠了錢，這次還是不死心，仍然用相同方法再次賠錢，而且往後的無數次

註3：錯失恐懼症是一種心理現象，指個體對於錯過某些活動、經歷或資訊，而感到焦慮或不安的情緒。

還是沒改變。

科學家阿爾伯特‧愛因斯坦（Albert Einstein）曾說過：「瘋子就是不斷重複相同的行為，卻期待不同的結果。」（Insanity is doing the same thing over and over again and expecting different results.）

這句話應用在股市中尤其貼切，很多散戶的賠錢，就是一直複製虧損和錯誤的經驗，卻仍然奮勇向前。

達到胸有成竹境界，波動將不再干擾情緒

至於市場每天波動不斷，該如何做，才能不被飆股的漲跌起伏影響？很簡單，就是做到「胸有成竹」的境界。什麼是胸有成竹？

古代有一位人稱「石室先生」的畫家，他擅長畫竹子。有一次，有人問他，為什麼他畫的竹子如此生動？石室先生解釋說，他在自家種了大片竹林，不論天氣如何，每天都會觀察竹子的生長和姿態變化。因此當他提筆時，竹子

的形象便清晰浮現在心中，畫作自然栩栩如生，這也就是成語「胸有成竹」的由來。

同樣的道理也適用於投資。作為投資者，每天不斷盯盤，久了自然會有盤感，心中對未來走勢也會有個完整的圖像。以 3 個不同投資階段來說：

階段 1》初學者：初學者無法做到一擊必殺，必須推演出所有可能的市場走勢，並為每種情況制定應對策略，這樣無論市場如何變化，才能都有準備。

階段 2》中級投資者：中級投資者對市場了解較深，能從多變的市場中，篩選出最有可能的 3 種走勢，並依據這些走勢做出判斷。

階段 3》高級投資者：高級投資者見多識廣，能從細節推測出最有可能發生的走勢，且長期預測準確率能達到 80% 以上，這樣就能穩定獲利。

而隨著經驗的增長，投資的思維也會進入不同境界：

　　第 1 層境界「被動反應」：邊交易邊思考，隨著市場的波動進行調整。

　　第 2 層境界「反射反應」：思維和交易同步，市場變動時反應迅速。

　　第 3 層境界「領先市場」：預判市場變動，在波動發生前已經準備好操作。

　　第 4 層境界「潛能發揮」：心靈平靜，交易進入潛意識，完成交易後幾乎無感。

　　台積電（2330）創辦人張忠謀曾說過：「棋藝高手能看到終局；中等玩家至少能看到幾步。思考愈深遠，決策成功的機率就愈高。」若搭配上述 3 個投資階段來看，初學者的思維處於第 1 層境界，中級投資者的思維是處於第 2 層境界，高級投資者的思維則是處於第 3 層境界或第 4 層境界。

　　股市如同下棋，成功與否，在於你能預見多少步棋，也

在於你能否每一步都胸有成竹。投資人可以看看自己目前
處於哪個階段，若尚在初學者或中級投資者階段，此時應
該努力精進自己的知識和技術，並嘗試往下一階段邁進。

　　若已在高級投資者階段，知識和技術不再是主要瓶頸，
需要的是層級更高的心態管理能力，以及對市場和產業的
洞察力。這個階段的挑戰，是如何在贏家中保持長期的優
勢，並警惕心理陷阱（如過度交易或過度自信）；此外，
高級投資者應當考慮更為宏觀的布局，例如資產配置的平
衡、風險的動態管理，以及對長期財富積累的規畫等。

遭遇虧損是必然，關鍵是應對的態度

　　當股市處於長期多頭趨勢時，即便投資人在過程中短暫
被套牢，只要公司基本面不至於太糟，往往時間一久都能
夠解套；即使一些人只是隨意聽消息、不遵守紀律、亂買
亂賣，也可能在多頭市場中獲利。

　　這讓許多投資人失去警覺，甚至不再檢討自己的操作方
式是否依靠專業技能，仍僥倖搭上順風車。於是，在大多

頭時期，很多人萌生了脫離職場、成為專職操盤手或投資人的念頭，殊不知，真正的考驗才剛開始。原因在於，10次成功賺錢的經驗，可能不及 1 次重大虧損所帶來的損失。

資產雖然能在多次操作中增值，但如果忽視了風險控制、資金管理，並且過度槓桿、滿手持股，沒有設立有效停損機制的話，那麼破產只需 1 次。

《KANO》電影中有一句名言：「不要只想著贏，要想不能輸！」這句話提醒我們，投資最核心的關鍵，就是「風險管理」。

為什麼有些聰明人反而難以學會股票？因為菁英往往不願承認錯誤，但在投資中，最關鍵的就是認識錯誤並勇於改正。錯誤的投資就像慢性自殺，而每一次的學習和改正錯誤，都會讓我們變得更有能力；在股市失敗隨處可見，真正的成功在於每次跌倒後，仍能重新站起來。

正如金融巨鱷喬治‧索羅斯（George Soros）所言：「判斷對錯不重要，關鍵在於對時能賺多少，錯時能虧多少。」

因此，投資成功的關鍵，在於應對那個「萬一」——當最不希望的情況發生時，你是否已經做好了準備？停損不可恥，反而是對自己的負責；真正可恥的，是在虧損發生時仍不作為。

要成為一個合格的專職投資人，通常要經歷 3 次多空市場的洗禮，不論是多頭或空頭，都要具備應變能力。過去的虧損可能成為沉沒成本，但只要做好風險控制和資金管理，並允許自己在實戰中不斷試錯，就能逐步建立起適應各種市場的能力。特別是在空頭市場，這時才能真正檢視自己的操作是否來自於專業的交易技巧，而不是僥倖。

操作飆股，最重要的是要能在市場存活。多頭市場上，人人都是贏家，然而最後的決勝時刻，往往出現在空頭市場。只有到了那時，才能看清誰是真正的強者。

這種區別不僅體現在選股能力上，更體現在面對市場波動時的應對方式。當市場環境出現變化，情緒和壓力往往是最大的敵人。無論你是新手、老手還是高手，都會遇到相同的困境：賣出個股後，股價卻繼續上漲，或是該停損

時猶豫不決，最終股價破底續跌。

這樣不如意的情境，不管是多厲害的人都會遇到，差別只在於應對方式：老手和高手們面對這種情況時，會迅速做出理性決策，思考是否應該追回股價續漲的股票，或者是果斷停損虧損的持倉；然而，新手往往只會陷入後悔和茫然，最終選擇追高，或在股價跌至谷底時賠錢出場。

沒有人能永遠在股市中安然無恙，也沒有人能每次都在最高點賣出、最低點買入。股市交易的關鍵，往往就在那幾秒鐘的決策，而這份果斷，來自於長期的刻苦學習和實戰訓練。

當買進的股票出現虧損時，投資人腦中可能會被各種負面情緒和想法干擾，這時降低這些干擾尤為重要。因為你愈害怕虧損，往往愈容易遭遇更大的損失。

只要事先設定好停損和停利條件，風險就能被控制在一定範圍之內，而能夠被控制的風險，就不再是風險。正如韓劇《MOVING 異能》中的一句台詞：「當你真的要飛

的時候，就不要害怕墜落。」

台灣棒球好手郭泓志也曾說：「沒有失敗這件事，只要你能從中學到一些東西，就是成功。」因此，千萬不要害怕失敗，也不要害怕停損，唯有如此，才能真正地好好進行交易。停損點是你的死亡線，既然一切都在計畫與紀律執行之中，自然會心平氣和，無悲無喜。

交易是一種行為模式，既然是人的行為，就必然受到人性弱點的影響。你無法戰勝心魔，那是因為在你起心動念的那一刻，心魔早已打敗了你──最好的方法不是與之對抗，而是正視它、處理它，然後無視它；當它無法再傷害你時，你也就不需要再與它交戰了。

Chapter 8

《投資釋疑》

解答4大困惑
從此不再是股市韭菜

股市中，70% 的散戶都賠錢，只有少數人能穩健獲利。
為什麼？這是因為大多數人都在重蹈覆轍：聽小道消息、
跟風追高、恐慌殺低。

就好像隔壁老王，他是一位普通的上班族，但聽信朋友
的建議，把畢生積蓄投入了一檔「暴賺股」，結果卻被深
套多年⋯⋯。這樣的故事，你是否似曾相識？

股市不僅是賺錢的地方，更是一面照出人性的鏡子。操作飆股要有自己的判斷，若無自己的判斷，只是隨波逐流，很容易就成為股市中被別人收割的韭菜。這個章節中，我就要來解析一下投資人常遇到的 4 個困惑，希望能夠幫助大家逃離被割的命運。

困惑1》法人說的話可以照單全收嗎？

許多飆股投資人認為，法人掌握較多的公司資訊、產業趨勢和市場動態，他們的投資決策往往能反映市場的未來走向，所以對於媒體報導中出現的法人說法，常常是照單全收。但實際上，這種做法其實是很危險的。

理論上，媒體的職責是報導客觀與真實，但在金融市場中，常遇到有心人士利用媒體操縱輿論，故意散播經過加工的特定或不實資訊，特別是有關基本面和產業面的消息，常常成為主力作手用來說服投資人的工具。

許多投資人在這個過程中，被蒙蔽或操控卻不自知，盲目地相信這些資訊，甚至失去自主判斷，跟風買賣股票，

結果讓當下因看好基本面而自豪持有的股票,日後成為無法脫手的包袱。

這樣的情況在金融市場中屢見不鮮,無論是早年的 3D 列印、後來的元宇宙,還是近年的航運、鋼鐵、防疫概念股,抑或是最近熱炒的 AI 與超導體概念股,題材層出不窮。

為了擺脫被蒙蔽的命運,在閱讀法人或媒體發布的觀點時,投資人應具備基本分析能力,並須留意以下幾點:

1. 單一法人的看法僅代表其自身觀點,不代表所有法人或市場共識。

2. 法人觀點未必正確。投資人可以回顧該法人過去預測的準確性,藉此評估其參考價值。

3. 即使法人發布的資訊屬實,也不代表股價必然就會隨之波動。

4. 留意利多訊息發布時的股價走勢。若在高檔發布利多

訊息，股價卻不見漲勢，那麼有可能是利多出盡，必須謹慎應對。

　　總結來說，法人提供的訊息僅供參考，不可過度依賴，投資人應保持理性和客觀的態度，分析獲得的所有資訊，而非隨波逐流，不分青紅皂白地相信一切傳言——每個利多或利空消息，都需要獨立思考與判斷，唯有如此，才能避免重蹈覆轍，不再成為被人操控的棋子。

困惑2》價值投資和價格投資，哪個好？

　　價值投資專注於資產的內在價值，因此會去尋找那些市場價格低於其內在價值的資產（詳見註1），並透過分析公司的基本面，如財務狀況、獲利能力和未來成長潛力等，來確定資產的真實價值。而價值投資者相信，隨著時間推移，市場價格最終會反映出該資產的內在價值，並強調長期持有。

註1：價值乃是基於個人判斷，充滿主觀性；而價格則不同，是由市場中的所有參與者共同決定，是絕對客觀的。

相對而言，價格投資通常指的是根據資產的市場價格波動進行投資決策，又稱「市場價格投資」，例如飆股投資，就是價格投資的一種。

這種策略主要關注資產的當前價格，並參考短期市場動態和技術分析，如圖表模式和成交量等。價格投資者希望從短期波動中獲利，決策往往是基於對市場趨勢的預測，而非對資產內在價值的考量。

簡單來說，價值投資重視資產的內在價值和長期增值潛力，而價格投資關注短期價格波動。2 種投資方式各有利弊，但對我來說，僅依賴價值指標，並不能保證投資成功。

價值投資的一大盲點在於，投資人以自己的主觀看法（也就是價值），去期待客觀現實（也就是價格）的改變。他們往往過度專注於所謂的「價值」，卻忽視了股價下跌的風險。這種執著，反而成為一種心理負擔。在交易過程中，若一味追求價值，可能會成為投資決策的絆腳石。

這就好比說，有人聲稱某公司依據本益比、淨值比或殖

圖1 **基本面好壞，與股價漲跌不一定相關**
基本面vs.股價排列組合

基本面好	基本面差
股價上漲	股價上漲
基本面好	基本面差
股價下跌	股價下跌

利率來看，其價值是被低估的，但股價卻始終未漲，甚至持續下跌。那麼，此時所謂的「價值」，是否還有意義呢？這種情況下，價值只是市場用來吸引投資人購買的工具，但真的客觀嗎？真實嗎？能夠實現嗎？最終，賺賠還是由價格決定。

此外，價值投資本身也可能讓人陷入「認知偏誤」——從基本面強弱到股價表現好壞，情況並非只有「基本面好、股價就好」或「基本面差、股價就差」2種簡單結果。事實上，市場中存在多種排列組合（詳見圖1），投資人若

是認為市場走勢只有少數幾種情況，便很容易陷入思維的局限。

理性的投資應該考量多重因素，而非過度依賴單一角度的判斷。股價的波動，也未必能完全反映財報的好壞，因為股價永遠是對未來的預期，而財報只是過去的數據。當我們進行交易時，應專注於當下，而不是過度依賴過去的數據或未來的預測。

困惑3》擔心停損在最低點，怎麼辦？

飆股操作在停損時，最令人擔心的，莫過於賣在最低點。畢竟好不容易忍痛停損，卻發現股價立刻反彈上去，等於被股市甩了 2 巴掌。

如果不想遇到這種情形，該怎麼辦？想要避免這種情況，我只能送你 4 個字「分批操作」。分批進出場，可以幫助你分散風險，避免因誤判而造成損失過大。

此外，投資人還常會遇到一種情形，那就是一開始沒有

即時執行停損，結果股價持續下跌，導致了鉅額虧損。這時，投資人會陷入進退兩難的困境——賣掉股票似乎不妥，因為跌深後隨時可能反彈；不賣股票，又擔心股價繼續下跌……。為了避免這種局面，建議大家，股價下跌 20% 以內，就應果斷處理，否則虧損過大之後，處理起來會非常困難。

停損確實是一項挑戰，不僅許多交易系統本身缺乏停損機制，即便知道停損的方法，也很難做到紀律執行。背後的原因，不僅僅是要面對虧損的不快感，更在於投資人必須承認自己判斷錯誤，這種自我否定的心理壓力，才是最難克服的部分。

許多人選擇逃避停損，就像關上門假裝問題不存在，但這麼做只會讓問題愈滾愈大。正如著名操盤手傑西·李佛摩（Jesse Livermore）所說：「除非市場表現與你的預期相符，否則個人的意見毫無價值。」我非常認同這番話，所以在我選定某檔股票後，會保持輕鬆心態，不會對其有過多期待；我尊重市場的變化，唯一該做的就是順勢而為，並紀律執行交易計畫。

市場充滿不確定性，選股出錯是不可避免的，重點在於如何妥善處理那些 15%、25% 的錯誤，而不是追求 100% 的勝率。

就像股神華倫‧巴菲特（Warren Buffett）、金融巨鱷喬治‧索羅斯（George Soros）和德國股神安德烈‧科斯托蘭尼（André Kostolany）這些投資大師，他們也有看錯的時候。我們應該以平常心面對錯誤，而不是糾結於自己為什麼會看錯。

投資有時像打麻將，當你拿到一手爛牌時，最好的策略就是想辦法減少損失，而不是抱怨牌運不好。能夠輸少一點，其實就是一種贏。

困惑4》看法與朋友不同，該相信誰？

有個網友告訴我，因為自己看空市場，而朋友卻看多，2 人因此爭吵了起來。我告訴他，股市中有數百萬個投資人，每個人看法都不同，有些人看多、有些人看空，正因為這樣，股市才會每天出現漲跌波動。

如果所有人都看多或看空，那市場就會出現極端的情況，要麼全線崩盤（詳見註2），要麼瘋狂飆漲。因此，在股市中，持有不同觀點是正常的，沒有人規定所有人都必須和你意見一致。如果為了這些分歧爭論不休，那你可能會和幾百萬人吵不完。

這也是為什麼在各大投資論壇上，經常能看到大家因為不同的市場觀點吵得不可開交。但記住，最重要的並不是別人怎麼看，而是你自己怎麼看，以及你做了什麼決策。你選擇的是全力進攻，還是減碼等待，抑或是積極做空？這些決策，才是真正影響你的投資結果。

有人可能會問：「操作飆股時，如果看錯方向，該怎麼辦？」看錯了就修正，關鍵是不要讓自己承受過大的損失。連巴菲特和索羅斯這麼專業的投資大師，都曾經看錯市場，如果你逼自己每次都要看對，只是在為難自己。

註2：這種情況雖然很少見，但偶爾會發生，比如2020年年初新冠肺炎（COVID-19）疫情爆發時，市場普遍恐慌，導致連續性的暴跌。

所以，不要糾結於別人的看法，也不要害怕犯錯，重點在於如何應對錯誤並迅速調整策略。

　　要記住：「你賺到的錢，只不過是市場先借給你，等它跟你討回時將異常凶狠！」每一次股市的下跌，都是資產重新分配的機會；但如果你沒有準備好，那就是你的資產會被別人拿來分配。

　　中國作家三毛說過：「心之何如？有似萬丈迷津，遙亙千里，其中並無舟子可以渡。人，除了自渡，他人愛莫能助。」你唯一可以相信的是自己，但要訓練自己成為專業。

　　什麼是專業？專業就是對投資領域的深度掌握，不僅熟知技能、知識與市場規律，還能將理論靈活應用於不同的情境中，並在面對風險與挑戰時，展現出高度獨立自主和解決問題的能力。

　　在學習中，光是學過某件事，並不意味著你真正掌握了它，更不代表你已經熟練運用；如果你只學了一部分，然後用這些不成熟的方法去操作，結果不斷虧錢，那就代表

你學錯了，必須把錯誤的觀念忘掉，然後重新學習。

然而，要求把學到的東西「忘記」並重新開始，這是非常困難的過程。英國經濟學家約翰·梅納德·凱因斯（John Maynard Keynes）曾說：「引進新觀念並不難，難的是清除舊觀念。」我們愈是用錯誤的方法去實踐，愈難放下舊有的觀念，這也讓重新學習變得更具挑戰性。

那究竟該怎麼辦呢？很簡單，你想像一下，今天在你面前有一台已經滿載的電腦，如果想要在這台電腦上安裝新軟體，你會怎麼辦？由於空間有限，你必須放棄舊有的東西，才能迎接新事物，所以你會選擇刪掉不必要的舊軟體，為新軟體騰出空間，不是嗎？

放到投資上也是一樣。如果投資人想要真正進步，就必須學會清空過去的錯誤，放下舊的思維模式，這樣一來，才能為新的知識和成功打開空間。

正確的投資
是一種生活態度

投資與人生息息相關，一個良好的人生態度，往往能帶來更穩健的投資回報。投資市場的範疇非常廣泛、專業且複雜，成功的投資人深知自己的能力邊界，因此會盡量避免涉足自己不熟悉的領域。每一次小錯誤都是寶貴經驗，可以幫助自己避免在未來犯下更大的錯誤。

舉例來說，經常有朋友興奮地和我分享他們的投資方法，

無論是經濟面、產業面、基本面、籌碼面，甚至是消息面等等，有些我聽過，有些則是完全陌生的新流派。每當這種時候，我總是感到自己見識有限，因為投資方法真的是層出不窮。然而，這些方法似乎有個共同點——只談勝利，從不提失敗。

當我耐心聽完朋友的分享後，常常會問他們一個關鍵問題：「你的停損機制是什麼？」結果，大概 9 成的人答不出來，而剩下 1 成能回答的人，往往也說得含糊不清。

學會停損，才不會輕易被市場淘汰

其實操作飆股時，停損機制有很多種，至少有 8 種應對不同情況（詳見註 1），但在實戰中，真正實用的大概只有 5 種。

例如，有些人可能會選擇百分比停損法，也就是當股價下跌 5%、10% 或 20% 時，進行停損。雖然百分比停損法

註 1：停損方法可以參考《專買黑馬股，出手就賺 30%》。

相對簡單，但也存在很多問題，像是不夠靈活等；如果再深入討論，內容會非常龐雜，有興趣的人可以翻書研究。不過，對於新手來說，若還沒掌握其他停損機制，百分比停損法至少比完全沒有策略要好。

為什麼我會問朋友，他們在操作飆股時的停損機制是什麼呢？因為根據我的觀察，想要靠投資獲利，關鍵在於如何學習面對失敗，而不是單單追求成功。

當你獲利時，退出市場是相對容易的事，賺多賺少只是幅度的差異；然而，虧損如果處理不當，尤其在缺乏資金控管的情況下，常常「All-in」的操作習慣，可能一次虧損就會吞噬掉你之前的所有收益。

因此，真正需要學習的是如何妥善管理風險、制定並遵守停損機制，這樣才能避免一次失誤毀掉整個投資生涯；另外，投資飆股的過程中，自律也是關鍵，因為在金融市場，你就是自己的老闆，你必須養成自我管理的習慣，沒有人會再像學校老師或職場主管那樣幫你掌控全局，一切都由你自己來決定。

投資是求個人獲利，而非勝過他人

投資和交易，其實是一場自己與自己的競賽，因此不必羨慕別人，更不應嘲笑他人。投資的真正意義，不在於賺得比別人多，而在於賺取足以滿足自己需求的財富。

評估投資成功與否的最佳方式，不是看你是否戰勝了市場，而是看你是否擁有一個可以幫助自己實現目標的財務計畫和紀律；最終關鍵，不是比別人更早到達終點，而是確保自己能夠穩穩到達目標。

正如班傑明‧葛拉漢（Benjamin Graham）在《智慧型股票投資人》書中所說的：「投資應該是一個持續追求目標的過程，而非單純的競爭或比較。」葛拉漢的話揭示了投資的本質，它是追求目標的一個過程，而非追逐捷徑或比較輸贏。

這讓我想起認識的一家老字號冬瓜茶店，店主是第 3 代經營者。無論何時，那家冬瓜茶店的門口總是排著長長的人龍。與店主熟識後，我曾開玩笑地問他，能不能偷偷告

訴我冬瓜茶的祕方？

出乎我意料的是，他竟然大方地帶我進廚房，指著角落的冬瓜和砂糖，告訴我：「祕方就是這些，沒有其他。」我心裡也明白，真正的關鍵，在於熬煮的比率、時間和火候的控制。

其實，這跟投資股票的道理一樣，真正有用的工具擺在眼前，不需要學得太複雜。投資飆股不需要太高深的工具，只要運用得當，就能發揮真正的效果。

新手往往在學習中感到困惑，無法靈活運用那些簡單的K棒、均線和價量關係等工具，但高手卻能夠透過這些基本工具，迅速判斷股票的買入時機，甚至準確預測股價的漲幅。

新手常常幻想有更神奇的指標和工具可以戰無不勝，只要找出來，就能在股市中賺取豐厚的利潤；事實上，真正的祕方已經在眼前，只是缺乏信心、操作不當，或是缺乏紀律而已。

基本功夠扎實，才能以不變應萬變

我發現許多剛學投資的朋友，常常會模仿和學習大師的方法選股和交易，卻依然虧損。經過深入了解後，我終於發現問題所在——這些朋友在模仿和學習大師的同時，總愛加上一些自己的見解，最終使得選股技巧和方法變得不倫不類。

這就像洪七公教降龍十八掌時，每一招都有先後順序和完整系統，但有些人卻總是加油添醋，甚至擅自修改，結果在實戰中變得脆弱不堪，令人哭笑不得。

如果你有一定的基礎，知道怎麼選擇和調整輔助工具，那麼就可以靈活運用大師的方法；但基礎尚未穩固之前，請務必嚴格遵循大師的教學，盡可能地完全複製、貼上，相信會見到成果的。

事實上，我自己也有類似的錯誤經驗。18歲時，我剛學游泳，沒有老師指導，只能偷偷觀察別人，從漂浮到換氣、踢水、用手划水前進……，結果卻一敗塗地。

某次在游泳池，看到一位年長我約 10～15 歲的男生游得非常出色，出於好奇，我試著跟隨他，但很快就被他發現。聊天後得知，他是一名體育老師，而他看到我的認真，願意花時間指導我，承諾每天會找固定時間教我游泳。

　　他說，雖然我有一些游泳基礎，但都是錯誤的動作，必須從頭開始。他強調基本功的重要性，告訴我，如果不打好基礎，永遠無法游得好。他教完動作後，讓我去角落練習踢水 30 分鐘；但我總是缺乏耐心，覺得無聊，過了幾分鐘就忍不住又開始亂游。他耐心教了幾次，我始終不聽勸，最終他開始生氣，之後我再也找不到他了。

　　20 多年過去，我的游泳技巧仍然不堪入目，總是載浮載沉。這段經歷提醒我，無論是投資還是學習新技能，扎實的基本功和自律都是成功的關鍵。如果你沒有具備足夠的知識與自律，就容易被市場情緒牽著走。

　　舉例來說，面對指數或個股的漲跌，滿手空單的投資人，每天都祈禱盤勢不要再漲了；空手觀望的投資人也會想，究竟什麼時候會修正？而滿手持股的投資人，則會希望股

價就這樣一直向上衝……。然而，這些反應往往出自於主觀的想像，而非對市場的理性分析。投資人唯有回歸基本功，並且強化自己的能力，才能真正看清市場的波動並穩定應對。

我常說，解盤要把昨天的自己忘掉，不管昨天看得再多、再空，今天就是全新的開始。「昨日種種，譬如昨日死；今日種種，譬如今日生。」必須理性且客觀地面對事實，擬定好明確的交易策略，包括試單、加碼、買足、減碼、停利、停損等，想清楚之後，依照原先的規畫，紀律操作。

操作飆股時，你不會每次都看對、每次都贏，但是只要贏的次數多一些，賺的錢比賠的錢多一些，這樣就可以了。雖然這些話都是老生常談，但交易真的就是這樣而已——你汲汲營營所追求的聖杯，其實一直就在眼前，只是你視而不見。

國家圖書館出版品預行編目資料

專買黑馬股. 3, K線捕手楊忠憲教你用1張表逮飆股/楊忠憲著.
-- 一版. -- 臺北市：Smart智富文化, 城邦文化事業股份有限
公司, 2025.01
　面；　公分
ISBN 978-626-7560-08-2(平裝)

1.CST: 股票投資 2.CST: 投資技術 3.CST: 投資分析

563.53　　　　　　　　　　　　　　113020581

Smart 智富

專買黑馬股③
K線捕手楊忠憲教你用1張表逮飆股

作者	楊忠憲
企畫	周明欣
商周集團	
執行長	郭奕伶
Smart 智富	
社長	林正峰（兼總編輯）
總監	楊巧鈴
編輯	邱慧真、施茵曼、陳婕妤、蔣明倫、劉妍志、劉鈺雯
協力編輯	林易柔
資深主任設計	張麗珍
封面設計	廖洲文
版面構成	林美玲、廖彥嘉
出版	Smart 智富
地址	115 台北市南港區昆陽街 16 號 6 樓
網站	smart.businessweekly.com.tw
客戶服務專線	（02）2510-8888
客戶服務傳真	（02）2503-6989
發行	英屬蓋曼群島商家庭傳媒股份有限公司城邦分公司
製版印刷	科樂印刷事業股份有限公司
一版一刷	2025 年 01 月
ISBN	978-626-7560-08-2